VEGAN

FASTEN

Bildnachweis

Ulrike Köb: Coverbild und alle Rezeptfotos
Monika Klinger: Autorenfotos Elisabeth Fischer

Literaturhinweis

Claus Leitzmann, Markus Keller, Vegetarische Ernährung, 3. Auflage, Ulmer

Impressum

ISBN: 978-3-7088-0617-4

Copyright: Kneipp-Verlag GmbH und Co KG
Lobkowitzplatz 1, A-1010 Wien
www.kneippverlag.com
www.facebook.com/KneippVerlagWien
Autorin: Elisabeth Fischer
Lektorat: Mag. Eva Manhardt
Korrektorat: Mag. Franz Ebner
Cover und Art Direction/DTP: Werner Weißhappl, plan_w
Illustrationen: Oskar Kubinecz
Druck: Theiss GmbH, A-9431 St. Stefan
1. Auflage, Januar 2013

Elisabeth Fischer

VEGAN
FASTEN

Das 14-Tage-Abnehmprogramm
mit 120 genussvollen Basenrezepten

Mit Rezeptfotos von Ulrike Köb

kneipp verlag
WIEN

INHALT

SUPPEN

GEMÜSE

Süsses

AUS MEINEM KOCHTOPF –
SO BLEIBE ICH SCHLANK UND FIT!

Mit einem ausgewogenen, veganen Essen ist es leicht, das Gewicht zu halten. Diese Erfahrung mache ich seit über 30 Jahren. Damals war ich acht Jahre Köchin in einem vegetarischen Restaurant in München und habe in dieser Zeit auch mein erstes Kochbuch* geschrieben. Seitdem esse ich überwiegend Pflanzliches. Erfreulicherweise war ich in all diesen Jahren nie ernsthaft krank und ich gestehe, dass ich mich sehr darüber freue, wenn ich deutlich jünger geschätzt werde, als ich bin.

Trotzdem habe ich ab und zu – nach Feiertagen, dem langen Winter, großem Stress oder einfach weil ich weiß, dass es mir guttut – das Bedürfnis, meinen Körper zu entlasten, Ballast loszuwerden und neue Kraft zu tanken. Ich gönne mir dann eine Woche veganes Fasten und profitiere spürbar vom Vitalstoffreichtum der basischen pflanzlichen Naturprodukte. Es ist ein Gefühl, als würde man plötzlich erfrischt aufwachen und voll Energie in einen neuen, sonnigen Tag starten.

Eine Erfahrung, von der mir auch viele Leserinnen berichten, wenn sie mit meinen Rezepten die überflüssigen Kilos losgeworden sind. Dieses positive Feedback bestärkt mich darin, immer wieder neue basische Abnehmrezepte zu entwickeln. Mein Ziel ist es, Genuss und Gesundheit harmonisch zu verbinden und ein richtig gutes Essen auf den Tisch zu bringen, das satt und schlank macht. Dieses tägliche Kochen ist jedoch nicht uneigennützig. Ich esse für

mein Leben gern und bin immer wieder zufrieden, wenn mir ein neues Gericht einfällt. Heute habe ich Zitronenkürbis gefüllt mit Tomaten (S. 104) und die Schoko-Bananen-Creme (S. 120) zubereitet und war selbst überrascht, dass dieses Dessert in fünf Minuten fertig war! Den Zitronenkürbis habe ich vor dem Essen noch schnell fotografiert. Das Foto finden Sie auf meiner Homepage www.elisabeth-fischer.com.

Guten Appetit!
Elisabeth Fischer

*„Die internationale vegetarische Küche, im Keyno gekocht", Mosaik Verlag 1987

VEGAN ESSEN, SCHLANK UND GESUND BLEIBEN

Eine gute Nachricht für alle, die ihr Wunschgewicht dauerhaft halten wollen: Veganer sind schlanker, obwohl sie mengenmäßig gleich viel essen wie ihre fleischverzehrenden Mitmenschen. Der Grund dafür: Ein Essen aus Gemüse, Obst, Hülsenfrüchten, Kartoffeln und Sojaprodukten hat weniger Kalorien als das ganz „normale" Essen mit fett- und eiweißreichen tierischen Produkten, also mit Fleisch, Wurst, Eiern, Käse, Sahne.

Ein Rechenbeispiel zeigt das anschaulich: Ein Veganer und ein Fleischesser nehmen jeweils eine Portion Reis. Der Veganer verspeist dazu 200 g gegrilltes Gemüse mit Basilikum-Tomaten-Soße, der Fleischesser 200 g Grillkoteletts mit Kräuterbutter. Die Hauptmahlzeit des Veganers hat 310 kcal und enthält 10 g Fett, die des Fleischessers hingegen 620 kcal und 36 g Fett.

VEGANER SCHNEIDEN BESSER AB

Menschen, die sich vegan ernähren, sind jedoch nicht nur schlanker, sie sind auch gesünder und leben länger. Veganer sind weniger von Herz-Kreislauf-Erkrankungen betroffen, haben einen niedrigeren Blutdruck und auch ein geringeres Risiko, an Brust-, Prostata- und Dickdarmkrebs zu erkranken. Auch Diabetes mellitus Typ 2, eine der häufigsten Zivilisationskrankheiten, die vor allem durch Übergewicht verursacht wird, tritt bei Veganern seltener auf. Zu diesem Ergebnis kamen große Untersuchungen, die den Gesundheitszustand von Vegeta-

riern – und zu diesen zählen die sich rein pflanzlich ernährenden Veganer – mit den Daten der restlichen Bevölkerung verglichen.

DAS ESSEN MIT DEN MEISTEN SCHUTZSTOFFEN

Die gesundheitsfördernde Wirkung einer veganen Ernährung ist ihrem äußerst hohen Gehalt an Vitalstoffen zu verdanken. Denn ausschließlich pflanzliche Lebensmittel, allen voran Gemüse, Früchte und Kräuter, enthalten sekundäre Pflanzenstoffe, wie z.B. Polyphenole, Isoflavone oder Glucosinolate. Darüber hinaus liefern pflanzliche Lebensmittel hohe Konzentrationen an Vitaminen und Mineralstoffen. Vitamin A, C und E wirken z.B. antioxidativ. Das bedeutet, sie machen gefährliche freie Radikale unschädlich. Diese zählen zu den größten Feinden unserer Gesundheit, sie beschädigen Zellwände, verursachen Ablagerungen in den Blutgefäßen und sind letztlich verantwortlich für Herzinfarkt und Schlaganfall. Freie Radikale stören die Bildung neuer Zellen und erhöhen so das Krebsrisiko. Sie lassen uns auch alt aussehen und sind für frühzeitige Faltenbildung sowie schlaffe Haut verantwortlich.

Veganer erfreuen sich auch einer gut funktionierenden Verdauung, da sie mit Ballaststoffen besser versorgt sind, als die „normal" essende Bevölkerung. Diese unverdaulichen Kohlenhydrate sind nur in pflanzlichen Lebensmitteln, vor allem in Getreide und Hülsenfrüchten, aber auch in Kartoffeln,

Gemüse und Obst enthalten. Ballaststoffe können den Cholesterinspiegel senken und sind unverzichtbar für die Darmgesundheit. Sie regen die Darmtätigkeit an, sorgen für eine robuste Darmflora, stärken damit die Abwehrkräfte und binden Schadstoffe im Darm, darunter auch das körpereigene Cholesterin.

LEICHTES EIWEISS FÜR STARKE MUSKELN UND JUNGE ZELLEN

Mit Eiweiß, dem Baustoff für Muskeln, Zellen und abwehrkräftesteigernde Enzyme, sind Veganer gut versorgt. Vollkorngetreide, Hülsenfrüchte, Kartoffeln und Sojaprodukte liefern reichlich gut verwertbares Eiweiß, sind jedoch im Gegensatz zu tierischen Proteinen fettarm, cholesterinfrei sowie reich an Vitaminen und sekundären Pflanzenstoffen.

GESUNDES FETT AUS PFLANZEN

Öl, Nüsse und Samen sind cholesterinfrei und enthalten wertvolle, mehrfach ungesättigte Fettsäuren und Vitamin E. Selbstverständlich gibt es auch vegane Margarine, die statt Butter aufs Brot gestrichen werden kann. Zum Kochen meiner Basenrezepte bevorzuge ich jedoch Öl.

KALZIUM, ZINK, EISEN, VITAMIN B_2

Veganer sind zwar mit vielen Vitaminen, Mineralstoffen und sekundären Pflanzenstoffen, z.B. Vitamin C, Vitamin E, Magnesium, Beta-Carotin, oder Ballaststoffen besser versorgt als „Mischköstler", trotzdem gibt es einige Nährstoffe, die nur durch eine bewusste und ausgewogene vegane Ernährung in ausreichenden Mengen zugeführt werden können. Damit die Versorgung mit Kalzium stimmt, sollten viel grünes Gemüse, Sesam, Tofu, Haselnüsse und Mandeln verspeist werden. Empfehlenswert ist auch mit Kalzium angereicherte Soja-, Hafer- oder Reismilch und kalziumreiches Mineralwasser. Vollkornprodukte und Hülsenfrüchte gehören täglich auf den veganen Speiseplan, so wird genügend Vitamin B_2, Zink, aber auch Eisen aufgenommen. Damit dieser blutbildende Stoff, der auch reichlich in Sesam, Fenchel, Feldsalat, getrockneten Aprikosen (Marillen) und Datteln enthalten ist, richtig verwertet werden kann, lautet die Empfehlung: täglich mindestens 300 g Vitamin-C-reiches Obst und 400 g Gemüse essen.

Jodiertes Speisesalz sollte auch bei Veganern zum Einsatz kommen. Schwieriger gestaltet sich die Versorgung mit Vitamin B_{12}, das „vegan" nur in Sauerkraut, Miso und Meeresalgen enthalten ist. Wer sich dauerhaft und ausschließlich vegan ernährt, kann auf eine Nahrungsergänzung mit Vitamin B_{12} zurückgreifen. Pilze und Meeresalgen sind pflanzliche Quellen für Vitamin D, das auch durch das helle Sonnenlicht in der Haut gebildet wird und vor allem im Winter auch in Form einer Nahrungsergänzung aufgenommen werden kann.

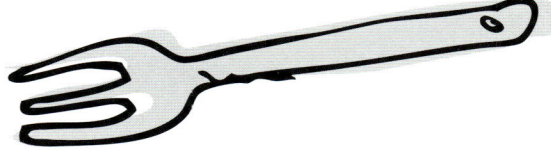

UMWELTSCHUTZ MIT MESSER UND GABEL

Eine Studie der FAO (Food and Agriculture Organization of the United Nations) stellte fest, dass die weltweite Tierhaltung 18 % der globalen Treibhausgase verursacht. Beispielhaft zeigt dies die Ökobilanz tierischer und pflanzlicher Lebensmittel. So ist z.B. die Umweltbelastung von Rindfleisch 67-mal so hoch wie die von Kartoffeln (Produktion, Verpackung und Transport inklusive). Durch den Klimawandel ist längerfristig die weltweite Nahrungsmittelversorgung gefährdet, warnt der UN-Klimarat. Nach einer neuen Studie wird die globale Agrarproduktion jedes Jahrzehnt um bis zu 2 % sinken. Angesichts dieser Entwicklung – weniger Nahrungsmittel für eine wachsende Weltbevölkerung – ist es bedrohlich, dass der Bedarf landwirtschaftlicher Fläche, um 1 kg Rindfleisch zu erzeugen, 20-mal größer ist als der für 1 kg Brot. Auch beim Wasser spitzt sich die Lage zu: Um 1 kg Äpfel zu ernten, werden 700 l Wasser verbraucht, für 1 kg Sojabohnen 1800 l, für 1 kg Käse 5000 l und für 1 kg Rindfleisch gar 15 500 l. Blickt man über den eigenen Tellerrand, wird deutlich, dass eine vegane Ernährung nicht nur unsere individuelle Gesundheit schützt, sondern dazu beitragen kann, dass unser Blauer Planet nicht endgültig in Klimakatastrophen und Hungersnöten versinkt.

RESPEKT VOR TIEREN

Immer mehr Menschen können und wollen es nicht mehr ertragen, dass Tiere wie leblose Objekte behandelt werden. Vegane Ernährung ist darum auch eine Entscheidung für den respektvollen Umgang und den Schutz unserer Mitgeschöpfe aus der Tierwelt.

NATÜRLICHE ZUTATEN FÜR DIE VOLLWERTIGE VEGANE ERNÄHRUNG

- Gemüse, Früchte, Beeren, Kräuter, Sprossen, Kartoffeln, Süßkartoffeln, Topinambur
- Vollkorngetreide (Reis, Weizen, Gerste, Roggen, Hafer, Buchweizen, Hirse, Amaranth, Quinoa, Mais)
- Vollkornprodukte (Mehl, Grieß, Flocken, Nudeln, Polenta, Bulgur, Couscous, Brot)
- Hülsenfrüchte (Linsen, Bohnen, Kichererbsen)
- Sojamilch, Sojajoghurt, Sojacreme, Tofu, Tempeh, Miso
- Trockenfrüchte
- Hafer-, Reis-, Mandel- und Kokosmilch, Reis-, Mandel- und Hafercreme
- Nüsse, Mandeln, Samen, Nussmus
- Öl, pflanzliche Margarine
- Getrocknete Kräuter, Gewürze, pflanzliche Würzmittel (Ingwer, Gemüsebrühe, Sojasoße), jodiertes Speisesalz
- Kakaopulver, Apfel-, Birnen-, Agavendicksaft

WAS UNTERSCHEIDET DAS VEGANE FASTEN VON EINER VEGANEN ERNÄHRUNG?

Vegan fasten bedeutet, eine bewusste Auswahl pflanzlicher Lebensmittel zu treffen. Auf säurebildende Lebensmittel wird weitestgehend verzichtet, in Bezug auf sie wird also gefastet, während von den basenbildenden Lebensmitteln reichlich gegessen wird. Stark basenbildend sind Gemüse, Kräuter, Früchte, Beeren, Kartoffeln und Trockenfrüchte; schwach basenbildend sind Sojaprodukte und Haselnüsse.

Beim veganen Fasten gibt es täglich drei Mahlzeiten mit insgesamt ca. 900 kcal. Erfahrungsgemäß nimmt man mit dem veganen Fasten zwei bis vier Kilos in einer Woche ab. Durch das vegane Fasten wird dazu eine latente Übersäuerung gestoppt und der Säure-Basen-Haushalt kommt ins Gleichgewicht.

Ausgelöst wird eine latente Übersäuerung durch vitalstoffarme Ernährung, zu viel Fleisch, Wurst, Käse, Fastfood, Fertigprodukte, Süßigkeiten, Limo- und Colagetränke. Aber auch Menschen, die auf tierisches Eiweiß verzichten, können von einer latenten Übersäuerung betroffen sein, wenn sie sich einseitig ernähren, viel Weißmehlprodukte, industriell hergestellte Lebensmittel, Zuckersüßes und Softdrinks konsumieren und zu wenig frisches Obst und Gemüse essen.

VEGANES FASTEN IST FÜR JEDEN EIN GEWINN

Ob Sie nun Veganer, Ovolactovegetarier, Flexitarier oder ein Fleischtiger sind – von der ausgleichenden Zusammensetzung der Nährstoffe beim veganen Fasten kann jeder profitieren, lösen diese doch eine ganze Kaskade gesundheitsstärkender Mechanismen aus und regen die Fettverbrennung an.

VEGAN FASTEN MACHT APPETIT AUF GESUNDHEIT

Mit dem veganen Fasten kommen Sie auf den gesunden Geschmack. Nutzen Sie diese Chance für eine dauerhafte Änderung der Ernährungsgewohnheiten, nach dem Motto:

„Mit veganem Fasten abnehmen, die Übersäuerung stoppen und fit werden. Mit einem vollwertigen veganen Essen das Gewicht halten, dauerhaft in der Säure-Basen-Balance bleiben und die Gesundheit sichern."

VEGAN FASTEN, ABNEHMEN, NEUE ENERGIE TANKEN

Sie fühlen sich müde, ausgelaugt, lustlos. Die Kilos kleben hartnäckig an den Hüften und die Haut war schon mal frischer. Sie haben das unangenehme Gefühl, dass Ihr Körper den Schwung verloren hat, ins Stocken geraten ist. So kann es nicht weitergehen! Sie haben das dringende Bedürfnis, Ihren Körper zu entrümpeln die Fettpolster loszuwerden, neu durchzustarten. Eine gute Idee! Mit dem veganen Fasten lässt sie sich leicht, auf köstliche Weise und preisgünstig verwirklichen!

FASTEN UND TROTZDEM ESSEN!

Vegan fasten, das hört sich nach Nichts essen an. Das Gegenteil ist der Fall. Sie werden große Portionen genießen und satt werden. Veganes Fasten basiert auf einer bewussten Auswahl pflanzlicher Naturprodukte: Auf die säurebildenden wird weitestgehend verzichtet, in Bezug auf diese wird also gefastet (für Allesesser sind deshalb sämtliche tierische Produkte gestrichen). Richtig geschlemmt wird hingegen mit den basenbildenden Lebensmitteln. Sie eignen sich am besten zum Abnehmen, haben wenig Kalorien, dafür aber den höchsten Vitalstoffgehalt, sie beschleunigen darum den Fettabbau, „befeuern" den Stoffwechsel, entsorgen Körpermüll, bringen den Säure-Basen-Haushalt in die Balance und wecken die Lebensgeister.

Die stärksten Basenbildner sind Gemüse, Früchte, Beeren, Kräuter und Kartoffeln, schwach basenbildend sind Sojaprodukte und Hasenüsse. Damit lässt sich hervorragend kochen. Sehen Sie sich zur Einstimmung auf das vegane Fasten die Rezeptfotos an.

Das Essen darauf habe ich im Studio gekocht und nach dem Fotografieren gemeinsam mit der Fotografin und ihrer Assistentin verkostet.

ERFOLGREICH SCHLANK WERDEN

In einer Woche nehmen Sie beim veganen Fasten zwei bis vier Kilos ab. Sie essen dabei Müslis, üppige Salate, würzige Suppentöpfe, herzhafte Hauptspeisen und fruchtig Süßes. Weil die Hauptzutaten kalorienarm sind, können die Portionen groß und sättigend ausfallen. Die Voraussetzung für dieses Abnehmen mit dem Wohlfühleffekt ist allerdings, dass mit wenig Fett gekocht wird. Als Grundregel gilt: Verwenden Sie für ein Hauptgericht pro Person 250 g Gemüse und 1/2 EL Öl.

Gemüse, Kräuter, Früchte und Kartoffeln erfreuen mit einer hohen Nährstoffdichte und sind reich an sekundären Pflanzenstoffen, Mineralstoffen und Vitaminen, z.B. auch an Vitamin C. Dieses ist ein starker Fatburner. Es steigert die Bildung der fettabbauenden Hormone Noradrenalin und Wachstumshormon. Trinken Sie beim veganen Fasten häufig Zitronenwasser heiß oder kalt, aber immer ohne Zucker. Das erhöht die Vitamin-C-Zufuhr und somit den Fettabbau. Auch Magnesium bringt die Fettpolster zum Schmelzen. Mit Blattsalaten, Blattgemüse, Kräutern und Bananen wird auch dieser Fatburner täglich und reichlich verzehrt. Weiterer Pluspunkt: Da weder Zucker noch Weißmehlprodukte auf dem Speiseplan stehen, bleibt der Blutzuckerspiegel beim veganen Fasten konstant und Heißhungerattacken, die den Abnehmerfolg gefährden, werden verhindert.

SCHLUSS MIT DER ÜBERSÄUERUNG

„Ich fühle mich unwohl, richtig übersäuert!", höre ich häufig und nicht ohne Grund. Immer mehr Menschen verlieren das innere Gleichgewicht. Verantwortlich dafür ist einseitiges Essverhalten, zu viel tierisches Eiweiß, häufig fett verpackt in Fastfood, Fertigprodukte und Süßigkeiten. Zwischendurch viel Weißmehl im Brot, in der Pizza und in den Muffins, dazu reichlich Softdrinks. Kein Wunder, dass man dabei dick wird! Viele erhoffen sich nun Hilfe von einseitiger Diäten, nehmen mühevoll ein paar Kilos ab, fallen cann in die alten Essgewohnheiten zurück und sind bald schwerer als je zuvor.

Jo-Jo-Effekt nennt sich das. Eine verhängnisvolle Spirale, die einen stetig wachsenden Säureansturm im Organismus auslöst. Erste Anzeichen einer latenten Übersäuerung können Kopfschmerzen, Anfälligkeit für jeden Schnupfen, ständige Müdigkeit und blasse Haut sein. Hält dieser Zustand an, können zusätzlich Cellulite, Gelenksschmerzen, Osteoporose und chronische Erkrankungen auftreten.

Das vegane Fasten wirkt wie ein Frühjahrsputz im Organismus und stoppt die Übersäuerung, denn es entsteht ein gewaltiger Überschuss an Basen.

SÄURE-BASEN-BALANCE – WAS IST DAS?

Damit sämtliche Stoffwechselvorgänge reibungslos funktionieren – von der Sauerstoffaufnahme bis zur Abwehr von Krankheitserregern – muss im Blut ein konstantes Verhältnis von Säuren und Basen herrschen. Dieses wird mit dem pH-Wert gemessen. Der Blut-pH-Wert liegt im basischen Bereich. Er schwankt nur minimal zwischen pH 7,36 und pH 7,44. Die Regulationssysteme der Leber, Niere und Lunge gewährleisten, dass er in diesen engen Grenzen bleibt. Unterstützend wirken auch die Puffermechanismen von Blut und Bindegewebe. Gefährliche Entgleisungen des pH-Werts in den sauren oder basischen Bereich, eine Azidose oder Alkalose, treten darum nur bei schwersten Erkrankungen auf.

Eine Ernährung mit zu viel tierischem Eiweiß, Fastfood und Süßigkeiten bewirkt einen Säureüberschuss, den die körpereigenen Regulationssysteme auf die Dauer nicht ausgleichen können. Der Körper muss die Notbremse ziehen, um das Leben zu sichern. Mineralstoffe werden aus den Knochen gelöst, um überschüssige Säuren abzupuffern. Auch im Bindegewebe werden Säuren eingelagert. Diesen Zustand bezeichnet man als latente Übersäuerung. Langfristig kann diese Osteoporose, Bindegewebsschwäche mit Cellulite, Gelenkserkrankungen und chronische Krankheiten hervorrufen.

Kein Säurestress beim Abnehmen

Werden wenig Kalorien zugeführt, holt sich der Organismus die notwendige Energie aus dem körpereigenen Fett. Beim Abbau der Fettpolster bilden sich als Abfallprodukte jedoch Ketonsäuren. Dieser Säureansturm kann beim veganen Fasten durch die Basenrezepte neutralisiert werden. Im Gegensatz dazu findet bei einseitigen Diäten kein Ausgleich statt und die Ketonsäuren verstärken die Säurelast für den Organismus mit den bekannten Folgen: Müdigkeit, Infektanfälligkeit, dünne Haut, Cellulite usw.

Für schöne Haut und gegen Cellulite

Wer vegan fastet, pflegt gleichzeitig seine Schönheit. Möglich macht das wieder einmal die hohe Konzentration an Vitalstoffen aus Gemüse, Früchten und Kräutern, die samt und sonders preisgünstig zu haben sind. Äußeres Zeichen eines geschwächten Bindegewebes ist Cellulite, die gefürchtete Orangenhaut. Ein Auslöser dafür ist anhaltende latente Übersäuerung, durch welche das Bindegewebe seine Fähigkeit, Wasser zu speichern, verliert und deshalb unelastisch und schlaff wird. Aber auch die Durchlässigkeit des Bindegewebes für Nährstoffe und Sauerstoff zu den Zellen und der Abtransport von Stoffwechselabfallprodukten wird durch die Übersäuerung behindert. Das bedeutet für die Schönheit: Neue, junge Hautzellen sind nicht mehr optimal mit Nährstoffen versorgt, die Haut wird dünn und bildet vermehrt Falten.

Durch das vegane Fasten wird die Haut wieder besser mit Nährstoffen versorgt, z.B. mit den jung haltenden Isoflavonen aus Sojaprodukten, die mit Unterstützung von Vitamin C besonders starkes Bindegewebe aufbauen. Dadurch kann die Haut mehr Flüssigkeit einlagern und die neuen, jungen Zellen sind widerstandsfähiger gegenüber schädlichen Umwelteinflüssen. Ein Blick in den Spiegel zeigt es: Der Teint ist frischer und straffer. Mit dem veganen Fasten beginnt auch die Rückbildung der Cellulite. Sichtbare Besserungen, festes Gewebe an den Oberschenkeln und am Po stellen sich jedoch nur ein, wenn der Säure-Basen-Haushalt dauerhaft in der Balance ist und isoflavonreiche Sojaprodukte regelmäßig gegessen werden. Mit einer ausgewogenen, gesunden Ernährung schaffen Sie das!

Die Lebensgeister erwachen

Das vegane Fasten bringt einen deutlich spürbaren Energieschub, sogar wenn Sie sich normalerweise ausgewogen und gesund ernähren. Nach dem veganen Fasten hat man ein besseres Körpergefühl. Diese Erfahrung mache nicht nur ich immer wieder. „Bäume könnte ich ausreißen!", „Endlich kann ich mich wieder konzentrieren!", „Ich schlafe besser", „Nach der Arbeit habe ich wieder Lust aufs Trainieren", „Meine Konzentration ist wieder da!". Oft erwachen die Lebensgeister schon nach zwei bis vier Tagen. Es kann aber auch sein, dass Sie diese Erfahrung erst ein paar Tage nach dem Ende der Fastenzeit machen.

SO SICHERN SIE DAS WUNSCHGEWICHT

Fallen Sie nach dem veganen Fasten nicht in alte Ernährungsmuster zurück. Nutzen Sie es als Chance, Ihre Essgewohnheiten dauerhaft zu ändern. Dann fällt es Ihnen leicht, das Gewicht zu halten, in der Säure-Basen-Balance zu bleiben und – wenn das Ihr Ziel ist – langsam mit einer vollwertigen, veganen Ernährung noch einige Kilos abzunehmen.

Auch wenn Sie nach dem Fasten nicht ausschließlich vegan essen wollen, können Sie trotzdem (immer) öfter vegan kochen, von dieser gesundheitsfördernden Ernährungsweise profitieren und die Basenrezepte regelmäßig in Ihren Speiseplan einbauen, auch in Kombination mit kleinen Fisch- und Fleischportionen sowie Milchprodukten.

NATÜRLICHE ZUTATEN FÜR DAS VEGANE FASTEN

Kartoffeln, Fenchel, Auberginen (Melanzani), Blumenkohl (Karfiol), Spinat, Feldsalat (Vogerlsalat), Rucola, Petersilie, Basilikum, Karotten, Radieschen, Sellerie, Schnittlauch. Diese Gemüsesorten sind stark basenbildend. (Grundsätzlich sind alle Gemüsesorten, Salate und Kräuter basenbildend.)

Aprikosen (Marillen), Bananen, Grapefruits, Kiwis, Kirschen, Mangos, Orangen, schwarze Johannisbeeren und Trauben. Außerdem getrocknete Aprikosen (Marillen), Feigen, Datteln, Rosinen. Diese Obstsorten sind stark basenbildend. (Grundsätzlich sind alle Früchte, Beeren und Trockenfrüchte basenbildend.)

Sojamilch (Sojadrink ungesüßt), Sojajoghurt, Sojacreme, Tofu und Haselnüsse.
Sie sind schwach basenbildend.

Gekocht wird mit Öl; dieses ist neutral.

Sehr kleine Mengen säurebildender Naturprodukte: Getreide zum Frühstück, Nüsse und Samen zum Drüberstreuen. Vollkorngetreide am Morgen sorgt mit den energieliefernden, „guten" Kohlenhydraten für einen munteren Start in den Tag, hält lange satt und versorgt mit nervenstärkenden B-Vitaminen. Nüsse und Samen unterstützen mit zellschützenden Fettsäuren und Vitamin E die aufbauende Wirkung des veganen Fastens und tragen dazu bei, dass der Stoffwechsel „wie geschmiert" läuft. Die geringe Säurebildung wird durch die großen Mengen von basenbildenden Gemüsen, Kräutern und Früchten ausgeglichen.

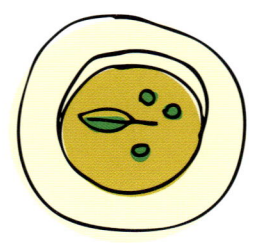

IHR VEGANER FASTTAG

FRÜHSTÜCK   1 Portion Müsli oder Getreidebrei mit Früchten (S. 28 bis 34)

MITTAGESSEN   1 Portion Gemüsegericht (Rezepte ab S. 86) und 200 g Kartoffeln (gedämpft, aus dem Ofen), dazu 1 Portion Fastensalat (Blatt, Gemüse, Kräuter) mit Dressing (Rezepte ab S. 42)

alternativ

1 Portion Salat als Hauptgericht (Rezepte ab S. 42) und 200 g Kartoffeln (gedämpft, aus dem Ofen, aus der Folie)

ABENDESSEN
(nicht später als 18 Uhr)   2 Portionen Suppe, bestreut mit frischen Kräutern (Rezepte ab S. 64)

VIEL TRINKEN   Täglich 2 bis 3 Liter Kräutertees und/oder Wasser (ohne Kohlensäure)

3 X AM TAG ESSEN

Die Portionen sind groß, darum fällt es leicht, nur dreimal am Tag zu essen. Erfahrungsgemäß kommt das Abnehmen so schneller in Schwung. Wenn Sie zwischendurch trotzdem hungrig werden, knabbern Sie rohes, klein geschnittenes Gemüse. Für manche ist die Frühstücksportion zu groß, dann einfach das übrige Müsli oder die Früchte am Vormittag als Snack essen. Eine Suppe am Abend beruhigt und füllt den Magen. Wenn es aber besser in Ihren Tagesablauf passt, können Sie die Suppe auch zu Mittag und das Gemüsegericht am Abend essen. Auch den Fastensalat können Sie, wenn es Ihnen bekommt, abends essen, ansonsten mittags zur Suppe. Ganz wichtig: Nach dem Abendessen sollten Sie außer Kräutertee und Wasser nichts mehr zu sich nehmen.

WIE LANGE DAUERT DAS VEGANE FASTEN?

Bereits nach einer Woche haben Sie 2 bis 4 Kilos abgenommen, fühlen sich frisch und munter. Sie können aber auch zwei Wochen vegan fasten, denn Sie sind mit allen Vitalstoffen gut versorgt.

TAGESPLAN ZUSAMMENSTELLEN

Mit meinen Fastenrezepten können Sie im Einklang mit der Jahreszeit, mit ganz persönlichen Essvorlieben und mit Ihrem Tagesrhythmus auch einen individuellen Fastenplan zusammenstellen.

DIE ERSTE FASTENWOCHE MIT 900 KCAL PRO TAG

WAS TÄGLICH AUF DEM PLAN STEHT

Frühstück
1 Portion Müsli oder Getreidebrei mit Früchten (S. 28 bis 34)

Sie essen zwei Hauptmahlzeiten
Ob mittags oder abends – wann Sie das Gemüsegericht oder die Suppe essen, entscheiden Sie nach Ihrem persönlichen Tagesplan. Suppen sind Hauptmahlzeiten, darum können Sie 2 Portionen davon genießen.

Fastensalat einmal pro Tag
Ob mittags oder abends, entscheiden Sie! Es muss zeitlich machbar und gut bekömmlich für Sie sein.

Flexibel gestalten
Sie können jedes Kartoffelrezept gegen 200 g gedämpfte Kartoffeln auswechseln und selbstverständlich auch Gemüse- oder Suppenrezepte tauschen. Hauptsache, die Tageskalorienzufuhr bleibt gleich.

TAG EINS
Lauch in Kapernsoße, dazu tomatenwürzige Kartoffelspalten (S. 92)
und Florentiner Topf mit grünen Bohnen, Tomaten, Spinat und Kartoffeln (S. 67)

TAG ZWEI
Spargelragout mit grüner Soße, dazu rosarotes Kartoffelpüree (S. 93)
und Brokkolisuppe mit Champignons (S. 80)

TAG DREI
Fenchel, Pilze und Tomaten ofenfrisch (S. 89), dazu 200 g gedämpfte Kartoffeln
und ungarische Kohlsuppe (S. 73)

TAG VIER
Kartoffel-Gröstl mit gebratenem Räuchertofu (S. 96)
und Paprika-Sellerie-Suppe mit Kokosmilch (S. 77)

TAG FÜNF
Gebratener Blumenkohl mit Knoblauch und Kräutern (S. 88), dazu 200 g gedämpfte Kartoffeln
und blitzschnelle Bärlauch-Kartoffel-Suppe (S. 76)

TAG SECHS
Grill-Zucchini mit Paprikasoße (S. 88), dazu 200 g gedämpfte Kartoffeln
und Karotten-Fenchel-Suppe mit Mandeln (S. 81)

TAG SIEBEN
Kohlrabi in Minze-Zitronen-Creme mit Rucola, dazu Paprika-Kartoffel-Gnocchi (S. 106)
und Thai-Suppe mit Kokos und Kürbis (S. 73)

DIE ZWEITE FASTENWOCHE MIT 900 KCAL PRO TAG

WAS TÄGLICH AUF DEM PLAN STEHT

Frühstück
1 Portion Müsli oder Getreidebrei mit Früchten (S. 28 bis 34)

Sie essen zwei Hauptmahlzeiten
Ob mittags oder abends – wann Sie das Gemüsegericht oder die Suppe essen, entscheiden Sie nach Ihrem persönlichen Tagesplan. Suppen sind Hauptmahlzeiten, darum können Sie 2 Portionen davon genießen.

Fastensalat einmal pro Tag
Ob mittags oder abends, entscheiden Sie! Es muss zeitlich machbar und gut bekömmlich für Sie sein.

Flexibel gestalten
Sie können jedes Kartoffelrezept gegen 200 g gedämpfte Kartoffeln auswechseln und selbstverständlich auch Gemüse- oder Suppenrezepte tauschen. Hauptsache, die Tageskalorienzufuhr bleibt gleich.

TAG EINS Zweierlei Pilze und Brokkoli in pikanter Soße (S. 94), dazu Kartoffeln aus dem Ofen (S. 95) und „Endlich ist wieder Spargelzeit"-Suppe (S. 76)

TAG ZWEI Der wunderbare Cremespinat (S. 89), dazu 200 g gedämpfte Kartoffeln und Minestrone (S. 68)

TAG DREI Marokkanische Bohnen mit Tomatensoße (S. 86) und Kohlrabi-Lauch-Suppe mit Kerbel (S. 80)

TAG VIER Karotten in Cremesoße (S. 98), dazu 200 g Folienkartoffeln (S. 44) und aromatische Blumenkohl-Tomaten-Suppe (S. 77)

TAG FÜNF Zitronenkürbis gefüllt mit Tomaten (S. 104), dazu Kartoffeln aus dem Ofen (S. 95) und Misosuppe (S. 72)

TAG SECHS Rote Beete in Kokos-Curry-Soße (S. 99), dazu 200 g gedämpfte Kartoffeln und kunterbunte Cremesuppe mit Karotten, Brokkoli und Zucchini (S. 82)

TAG SIEBEN Geschmortes Paprikakraut (S. 98), dazu 200 g gedämpfte Kartoffeln und Steinpilz-Cappuccino (S. 70)

LEICHTER FASTEN

SÜSS OHNE ZUCKER

Zucker, ob weiß oder braun, ist ein echter Schlankheitskiller und hat darum in meinen Fastenrezepten nichts verloren. Sie werden ihn aber auch nicht vermissen. Die Süßspeisen schmecken trotzdem, denn sie werden mit vielen frischen Früchten und Beeren zubereitet. Die sind nicht nur natürlich süß, sondern haben auch ein einzigartiges Aroma, schmecken „birnig, apfelig oder erdbeerig". Trockenfrüchte von Aprikosen (Marillen) bis Mangos bringen nicht nur reichlich ausgleichende Mineralstoffe in die Basenrezepte, sondern eignen sich klein gehackt oder mit Flüssigkeit püriert zum Süßen von Müslis, Desserts oder Drinks. Zimt, Vanille und Kardamom verstärken den natürlichen Süßgeschmack ganz ohne zusätzliche Kalorien.

REICHLICH KRÄUTER UND GEWÜRZE, WENIG SALZ

Verwenden Sie üppig frische Kräuter, reichlich aromatische Gewürze – am besten frisch gemahlen oder im Mörser zerstoßen –, dann brauchen Sie wenig bis gar kein Salz. Das hilft beim Entwässern, senkt den Blutdruck und ermöglicht den empfindlichen Geschmacksnerven neue, natürliche Genüsse.

AM WOCHENENDE BEGINNEN

Starten Sie mit dem veganen Fasten am Wochenende. Sie können in Ruhe einkaufen und sich an den Tagesrhythmus des Fastens gewöhnen. Praktisch ist es auch, wenn Sie ein oder zwei Suppenrezepte vorkochen und einfrieren, dann steht abends das Essen im Handumdrehen auf dem Tisch.

AUF DEN KÖRPER HÖREN

Trinken Sie während des veganen Fastens einmal keinen Kaffee, schwarzen oder grünen Tee. Dann haben Sie die Chance, auf Ihren Körper zu hören. Wenn Sie müde sind, wird das nicht durch anregende Getränke überspielt. Sie können sich ein kleine Auszeit gönnen oder früher schlafen gehen. Sie werden dadurch neue Kraft schöpfen. Wenn Sie munter sind, neue Energie spüren, dann ist das Ihrem aufbauenden Lebensstil und nicht einem doppelten Espresso zu verdanken – eine gute Erfahrung! Darum ist es auch empfehlenswert, während des veganen Fastens auf Alkohol oder Nikotin zu verzichten.

Ganz wichtig: Zu viel Kaffee oder schwarzer Tee, aber auch zu fettes Essen können den Magen lokal übersäuern und Sodbrennen auslösen. Das hat aber keinen Zusammenhang mit einer latenten Übersäuerung des Organismus.

BEWEGEN – MEHR KALORIEN VERBRENNEN

Ausdauertraining wie Joggen, Walken oder Radfahren erleichtert das Abnehmen. Durch die Bewegung werden mehr Kalorien verbraucht, auch noch Stunden nach dem Training. Gleichzeitig wird durch körperliche Aktivitäten mehr Muskelmasse aufgebaut; die verbraucht noch mehr Kalorien, auch noch Stunden nach dem Training.

ZÖLIAKIE UND LAKTOSEINTOLERANZ

Menschen mit Zöliakie bereiten das Frühstück einfach mit Reis-, Hirseflocken oder Erdmandeln zu. Alle anderen Gerichte enthalten kein Getreide. Auch bei Laktoseintoleranz kann man problemlos vegan fasten, da keine Milchprodukte verwendet werden.

ALLES PFLANZE – WUNSCHGEWICHT, SÄURE-BASEN-BALANCE UND NEUE GENÜSSE

Mit veganem Essen ist es einfach, schlank und in der Säure-Basen-Balance zu bleiben. Nach dem veganen Fasten kommen als wertvolle Grundnahrungsmittel wieder Vollkorngetreide und Hülsenfrüchte auf den Speiseplan. Der große Vorteil dieser pflanzlichen Eiweißspender: Sie haben wenig Kalorien, sind gleichzeitig aber reich an Vitaminen, sekundären Pflanzenstoffen und Mineralstoffen.

Zwar sind Getreide und Hülsenfrüchte schwach säurebildend, aber das wird leicht ausgeglichen durch die großen Portionen an Gemüse, Früchten, Kräutern, Kartoffeln und Sojaprodukten, die zu einem vollwertigen veganen Essen gehören. So weit, so gesund – aber jetzt zur Appetitanregung ganz praktische Gedanken.

REZEPTBAUSTEINE FÜR DIE VEGANE KÜCHE

Meine Basenrezepte vertragen sich bestens mit Gerichten aus Vollkorngetreide und Hülsenfrüchten. Hier Anregungen, die sich einfach umsetzen lassen:

Frühstück: Die Auberginen mit Sesam-Sojajoghurt-Dressing (S. 60), Oliven und Salatblättchen in eine Vollkorn-Wrap-Tortilla wickeln.

Italienischer Suppentopf: In den Florentiner Topf mit grünen Bohnen, Tomaten, Spinat und Kartoffeln (S. 67) gekochte weiße Bohnen mischen.

Indisches Festmahl: Aromatische Blumenkohl-Tomaten-Suppe (S. 77), Rote Beete in Kokos-Currysoße (S. 99), Salat mit Granatapfel-Orangen-Dressing (S. 48), Reispilaw mit Datteln und Pistazien, hauchdünne Papadam-Brote, Karotten-Halwa (S. 124).

Asia-Menü: Thai-Salat mit Ananas und Tofu (S. 51), Misosuppe (S. 72), zweierlei Pilze und Brokkoli in pikanter Soße (S. 94), dazu Naturreis.

Schnelles Sommermenü: Gazpacho (S. 64), Avocado-Pfirsich-Salat (S. 46), dazu Vollkorn-Crostini, Schoko-Bananen-Creme mit Erdbeersalat (S. 120).

NEUE KULINARISCHE WELTEN ENTDECKEN

Vegan kochen bedeutet, sich von den besten Küchen dieser Welt inspirieren zu lassen: knackige Wokgerichte, Herzhaftes mit Tofu, würzige Nudeltöpfe – die asiatische Küche zeigt uns, wie mit leichter Hand blitzschnell Raffiniertes aufgetischt werden kann. Aus Indien kommen duftende Currys, Reisgerichte, Chutneys und fruchtig-nussige Süßspeisen. Kräuterwürziges kennen wir aus der Mittelmeerküche und Vertrautes aus unserer nächsten Umgebung. Wer vegan kocht, kann aus einer unendlichen Vielfalt natürlicher, pflanzlicher Lebensmittel schöpfen, mit Phantasie und Pioniergeist täglich neue Kreationen auf den Tisch bringen. Um diese zu genießen, muss man kein Veganer sein, sondern einfach ein Feinschmecker auf der Suche nach neuen Genüssen.

GUTE KOHLENHYDRATE BRAUCHT DER MENSCH

„Ich esse keine Kohlenhydrate"– das ist in den letzten Jahren fast zu einem Glaubensbekenntnis geworden, hat aber nichts daran geändert, dass massives Übergewicht und ernährungsbedingte Krankheiten wie z.B. Diabetes stetig zunehmen. Zur Rettung der schlanken Linie und der Gesundheit gilt es, zwischen den „bösen" und den „guten" Kohlenhydraten zu unterscheiden. Die „bösen" stecken in Weißmehlprodukten, zuckersüßen Speisen und Getränken, in Fastfood und Essen vom Fließband. Diese einfachen Kohlenhydrate fördern die Entstehung von Fettpolstern und Zivilisationskrankheiten. „Gute" Kohlenhydrate aus Vollkorngetreide, Hülsenfrüchten, aber auch Kartoffeln brauchen wir dringend und täglich. Sie liefern uns Energie, die wir zu einem munteren Leben brauchen, sind Nahrung für das Gehirn, halten den Blutzuckerspiegel konstant und den Körper damit schlank; außerdem fördern sie die Verdauung. Vollkorngetreide und Hülsenfrüchte können noch mehr. Sie enthalten gut verwertbares pflanzliches Eiweiß, lebensnotwendige B_2-Vitamine und Mineralstoffe wie Zink und Eisen. Entgegen allen Vorurteilen haben Getreide und Hülsenfrüchte wenig Kalorien und sind ideale Zutaten für die schlanke, gesunde Küche, vorausgesetzt sie werden mit wenig, dafür hochwertigem Fett zubereitet.

SO BLEIBEN SIE IN DER SÄURE-BASEN-BALANCE

Diese Kombinationen bewirken einen Basenüberschuss:

Vegan

Säurebildend		Basenbildend
1 Scheibe Vollkornbrot (50 g)	ausgleichen durch	70 g Radieschen+ 5 g Petersilie
30 g Dinkel	ausgleichen durch	100 g Erdbeeren+ 5 g Rosinen
10 g Walnüsse	ausgleichen durch	50 g Birne
100 g Vollkornspaghetti, ungekocht	ausgleichen durch	70 g Spinat
50 g Naturreis, ungekocht (1 Portion)	ausgleichen durch	100 g Fenchel
50 g Linsen, ungekocht (1 Portion)	ausgleichen durch	100 g Paprika + 30 g Zwiebeln

Ovo-Lacto-vegetarisch

Säurebildend		Basenbildend
1 Ei (56 g)	ausgleichen durch	200 g Tomaten
100 g Vollmilch	ausgleichen durch	50 g Banane
100 g Joghurt	ausgleichen durch	50 g Kirschen
100 g Emmentaler	ausgleichen durch	300 Karotten + 250 g Paprika + 50 g Rucola

Mit Fisch und Fleisch

Säurebildend		Basenbildend
100 g Lachs	ausgleichen durch	200 g Kartoffeln + 200 g Brokkoli
100 g Schweinefleisch	ausgleichen durch	200 g Kartoffeln + 100 g Pilze
100 g Rindfleich	ausgleichen durch	200 g Kartoffeln + 100 g Karotten
100 g Salami	ausgleichen durch	200 g Radieschen + 200 g Gurke + 70 g Feldsalat (Vogerlsalat)

Auch wenn Sie nicht nur vegan essen wollen, können Sie von den gesundheitsfördernden pflanzlichen Lebensmitteln profitieren. Kombinieren Sie kleine Fisch-, Fleisch- oder Käseportionen mit viel Salat, Gemüsegerichten und Kartoffeln als Beilage. Essen Sie als Vorspeise eine Gemüsesuppe, als Dessert Fruchtsalat. Knabbern Sie gegen den kleinen Hunger zwischendurch Trockenfrüchte. Wählen Sie fettarme Milchprodukte. Kochen Sie weiterhin mit wenig Öl.

Berechnen Sie die Säure-Basen-Bilanz Ihres Essens. Mit dem Säure-Basen-Rechner* ist das ganz einfach. Sie finden ihn unter www.saeure-basen-forum.de und können damit überprüfen, ob ein Rezept ausgeglichen ist. Die Säure-Basen-Bilanz rechnet sich über den ganzen Tag; darum ist es kein Problem, wenn Sie bei einem Essen den Ausgleich nicht schaffen.

*nach Remer und Manz (1995)

LEBENSMITTEL MIT ZUKUNFT

Abwechslung wird großgeschrieben. Beim Genuss veganer Speisen kommt kein Gedanke an Verzicht auf. Dafür sorgen auch Sojaprodukte, ob das jetzt ganz klassisch Tofu, Miso und Tempeh sind oder Sojamilch (Sojadrink), Sojajoghurt, Sojasahne, die wie Kuhmilch verwendbar, jedoch cholesterinfrei und reich an Isoflavonen sind. Durch den hohen Lecithingehalt macht z.B. Sojamilch Hefeteig und Pfannkuchen besonders flaumig.

Ergänzt wird die Palette durch Hafer-, Reis-, Mandel- und Kokosmilch und deren Sahne-Varianten. Eine wunderbare Zutat für die vegane Küche ist auch Nuss-, Mandel- oder Sesammus. Suppen und Soßen werden dadurch cremig, Aufstriche bekommen den besonderen Pfiff, fruchtige Desserts und Kuchen einen zarten Schmelz und feinen nussigen Geschmack.

ENTLASTUNG ZWISCHENDURCH – FASTTAG EINLEGEN

In letzter Zeit hat es mit dem ausgewogenen Essen nicht so richtig geklappt? Feiertage, Einladungen, zu viel Arbeit? Dann legen Sie doch einfach einen veganen Fasttag ein oder planen Sie diesen gleich regelmäßig. Das entlastet und hilft das Gewicht zu halten.

VORSICHT PUDDING-VEGANISMUS!

Beim Lesen von Foodblogs und Chats stolpert man nicht selten über vegane Rezepte mit einem extrem hohen Zucker- und Margarinegehalt, mit viel Weißmehl und wenig Vollkorn. Diese Rezepte sind echte Kalorienbomben und enthalten – obwohl vegan – zu wenig Vitamine und sekundäre Pflanzenstoffe. Das ist eigentlich absurd, macht es doch gerade die pflanzliche Küche leicht, vitalstoffreich zu schlemmen. Wer vegan isst und kocht, hat ein Riesenglück, steht ihm doch ein ungeheurer Reichtum natürlicher Lebensmittel zur Verfügung. Diesen gilt es zu nutzen, nicht nur zum Schutz von Umwelt und Tieren, sondern auch zur Förderung des eigenen Wohlbefindens!

KLEINES KNOWHOW FÜR DIE VEGANE FASTENKÜCHE

KOCHKUNST BEGINNT BEIM EINKAUFEN

Mit frischem Gemüse und sonnenreifen Früchten schmecken selbst die einfachsten Gerichte wie kulinarische Gesamtkunstwerke. Wenn Sie die Chance haben, kaufen Sie Gemüse und Früchte aus der Region, auf dem Markt, im Bio- oder Gemüsegeschäft, direkt beim Bauern, und zwar alles, was die Jahreszeit bietet: Tomaten, Paprika, Beeren und Weinbergpfirsiche im Sommer, Wurzelgemüse wie Pastinaken und Topinambur, Kürbis, Quitten, Äpfel, Birnen und Feldsalat in der kalten Jahreszeit. Was gänzlich in Vergessenheit geraten ist: Die dunkelgrünen Salatblättchen wachsen im Winter unter Reisig, gedeihen dadurch besonders kräftig und aromatisch, werden traditionell um die Weihnachtszeit geerntet und schmecken unvergleichlich. Es lohnt sich! Je mehr Sie sich mit dem natürlichen Wachstum und der Herkunft von Gemüse und Früchten beschäftigen, umso gezielter können Sie einkaufen, umso einfacher wird das Kochen, umso besser können Sie essen.

EIN GUT SORTIERTES GEWÜRZREGAL

Muskat, Koriander, Piment und Zitronenschale – die runde Würzmischung bringt Pep in eine schlichte Kartoffelsuppe. Zimt, Kardamom und Ingwer verstärken den natürlichen Süßgeschmack von Apfelmus. Gewürze sind die Seele veganer Speisen, verströmen Duft und Aroma, verwandeln bescheidene Zutaten in Kostbarkeiten, erzeugen das Gefühl, gut versorgt zu sein und richtig verwöhnt zu werden. Der Aufwand für diese geschmackliche Verzauberung rasch zubereiteter Alltagsspeisen geht gegen null. Ein Griff ins Gewürzregal genügt! Darum finden Sie auch häufig längere Gewürzlisten in meinen Rezepten. Allerdings würde ich die Anschaffung eines robusten Steinmörsers empfehlen, frisch zerstoßen schmecken Koriander, Kreuzkümmel (Cumin), Kümmel, Kardamom, Fenchel und Co. noch besser.

BÜSCHELWEISE FRISCHE KRÄUTER

Basilikum, Minze, Oregano und immer wieder Petersilie – frische Kräuter beleben die Suppe und die Sinne. Allein zum Darüberstreuen sind sie zu schade. Kräuterblättchen (ganze Hände voll davon) abzupfen und in den Salat mischen oder mit Nüssen, Knoblauch und Öl zu Pesto mixen. Das lässt sich auch einfrieren und ist dann stets griffbereit, um Dressings, Suppen, Salate und Gemüse zu verfeinern oder eine Folienkartoffel zu füllen. Aromatische Petersilienstängel nicht wegwerfen, sondern fein schneiden, mit Zwiebeln anbraten oder in der Suppe köcheln. Auch praktisch: Kräuter, z.B. Liebstöckel, einfrieren. Die ganzen Blätter samt Stängeln in einen Plastikbeutel stecken, in die Tief-

kühltruhe legen, nach Bedarf ein paar Blättchen abbrechen, hacken und am Ende der Garzeit in die Suppe rühren.

GEWÜRZE FÜR DIE SCHLANKE LINIE

Meine Basenrezepte sind mit wenig Fett zubereitet. Damit die Speisen trotzdem mit vollem Aroma überzeugen, werden Gewürze und Kräuter mit Zitronenschale, Zitronensaft, Ingwer und Knoblauch kombiniert. Zitrone und Ingwer bringen das Prickeln ins Essen, diesen winzigen Tick aromatischer Säure, die sowohl Pikantem als auch fruchtig Süßem so gut bekommt und das feine Aroma der Gewürze und Kräuter unterstreicht. Asiatische Wokgerichte, Tomatiges vom Mittelmeer, die Gemüsesuppe nach Omas Geheimrezept: Knoblauch rundet Rezepte aus aller Köchinnen Länder mit herzhaftem Geschmack und angenehmer Schärfe ab. Knoblauch aber bitte fein hacken und nicht pressen! Durch diese brutale Vorgehensweise bekommt er einen stechenden Geschmack, der sich intensiviert, wenn z.B. ein Dressing auf Vorrat zubereitet wird.

Natürliche Würzmittel bringen nicht nur Leben ins Essen, sondern fördern auch die Verdauung und enthalten schützende Bio-Stoffe. Frische Kräuter spielen eine wichtige Rolle in der Basenküche. Sie enthalten die höchsten Konzentrationen basenbildender Stoffe.

NACHEINANDER IN DEN TOPF

Damit Brokkoli strahlend grün bleibt, Kohlrabi ihre Vitamine behalten, Blumenkohl (Karfiol) nicht matschig wird und zerkocht schmeckt, braucht Gemüse schonende Behandlung. Darum kommen in den großen Suppentopf zuerst harte Gemüsesorten wie Karotten, Sellerie und Kartoffeln. Erst wenn diese etwas gar sind, ist es Zeit für weichere Gemüse wie Brokkoli, Lauch und Zucchini. Spinat kommt erst zum Schluss in die Suppe und wird, wenn überhaupt, nur einen Moment geköchelt. Auch Wokgerichte gelingen nach diesem Prinzip.

ZWIEBELN BRAUCHEN ZUWENDUNG

In meinen Rezepten finden Sie häufig den Satz: „Zwiebeln bei milder Hitze zuerst glasig weich dünsten, dann unter Rühren goldbraun braten." Nur so bekommen die Vielschichtigen ihr rundes Aroma und entwickeln einen Hauch Süße, der auch pikanten Speisen gut bekommt, sind dabei herzhaft, kräftig und duften appetitanregend.

BITTE BEIM KOCHEN BEACHTEN

Die Mengenangaben für Gemüse, Kartoffeln und Früchte beziehen sich immer auf die geputzten Zutaten.

FRÜH

STÜCK

WARMES DINKELFRÜHSTÜCK

FÜR 2 PORTIONEN

Zutaten
- 60 g Dinkel, grob geschrotet
- 400 ml Wasser
- 30 g Trockenfrüchte (Rosinen, Aprikosen (Marillen), Pflaumen)
- 1/4 TL Zimt
- 1 TL Zitronensaft
- 1 EL Haselnüsse, gehackt
- 400 g Früchte und Beeren (z.B. Äpfel, Mandarinen, Melonen, Himbeeren, Trauben, Pfirsiche)

Am Vorabend den Dinkel mit 250 ml kaltem Wasser vermischen, zudecken und über Nacht kalt stellen. Große Trockenfrüchte wie Aprikosen oder Pflaumen in kleine Stücke schneiden. Trockenfrüchte mit 150 EL kaltem Wasser vermischen, zudecken, über Nacht kalt stellen.

Am Morgen den eingeweichten Dinkel, die Trockenfrüchte mit dem Einweichwasser und Zimt unter Rühren aufkochen und unter Rühren kurz köcheln. Zitronensaft und Haselnüsse untermischen. Früchte und Beeren dazugeben oder als Snack am Vormittag essen.

Pro Portion: 284 kcal, 4 g F, 6 g E, 55 g KH, 0 mg Chol

FLOCKIGE ALTERNATIVE
Statt geschrotetem Dinkel einfach Getreideflocken über Nacht einweichen und am Morgen mit den restlichen Zutaten kurz kochen.

WARMES FRÜHSTÜCK MIT BIRNEN, FEIGEN UND NÜSSEN

FÜR 2 PORTIONEN

Zutaten
- 60 g Dinkel, grob geschrotet
- 400 ml Wasser
- 30 g getrocknete Feigen, kleine Stücke
- 1/4 TL Zimt
- 200 g Birnen, kleine Stücke oder grob geraspelt
- 1 TL Zitronensaft
- 1 EL Haselnüsse, gehackt
- 200 g frische Früchte und Beeren

Am Vorabend den Dinkel mit 250 ml kaltem Wasser vermischen, zudecken und über Nacht kalt stellen. Feigen mit 150 EL kaltem Wasser vermischen, zudecken, ebenfalls kalt stellen.

Am Morgen den eingeweichten Dinkel mit den eingeweichten Feigen und Zimt zum Kochen bringen, ca. 3 Minuten zugedeckt köcheln. Wenn notwendig, noch etwas Wasser dazugeben. Birnen, Zitronensaft und Haselnüsse untermischen. Alles kurz unter Rühren erhitzen.

Die frischen Früchte und Beeren gleich zum Frühstück oder als Snack essen.

Pro Portion: 284 kcal, 4 g F, 6 g E, 55 g KH, 0 mg Chol

PORRIDGE MIT MANGO UND KOKOS

FÜR 2 PORTIONEN

Zutaten

- 60 g Hafer, fein geschrotet
- 1/4 TL Zimt
- 300 ml Wasser
- 100 ml Kokosmilch
- 20 g getrocknete Mangos, kleine Stücke
- 1/2 TL Ingwer, fein gehackt
- 1 TL Bio-Zitronenschale, fein gehackt
- 1 TL Bio-Orangenschale, fein gehackt
- Saft von 2 Orangen

In einem kleinen Topf den Haferschrot mit Zimt unter Rühren kurz anrösten. Wasser, Kokosmilch, Mangos, Ingwer, Zitronen- und Orangenschale unterrühren.

Porridge ca. 12 Minuten leicht kochen, bis der Hafer körnig weich ist. Wenn notwendig, noch etwas Wasser untermischen.

Porridge in tiefen Tellern anrichten, mit Orangensaft umgießen.

Pro Portion: 316 kcal, 10 g F, 6 g E, 44 g KH, 0 mg Chol

ABWECHSLUNG AM MORGEN

Den Porridge mit der Beerensoße (siehe unten) servieren.

GEBORGENHEIT LÖFFELWEISE – HIRSEBREI MIT BEERENSOSSE

FÜR 2 PORTIONEN

Zutaten Hirsebrei

- 400 ml Sojadrink, ungesüßt
- 2 TL Cranberrys, fein gehackt
- 1/4 TL Zimt
- 40 g feine Hirse (oder Weizengrieß)

Zutaten Beerensoße

- 150 g Erdbeeren, frisch oder tiefgekühlt
- Saft vor. 2 Orangen

Sojadrink mit Cranberrys und Zimt zum Kochen bringen, Hirse einrieseln lassen, unter Rühren ca. 5 Minuten zu einem Brei kochen, bei Bedarf noch etwas Sojadrink untermischen.

Mit dem Mixstab Erdbeeren und Orangensaft zu einer glatten Soße pürieren.

Hirsebrei in tiefen Tellern anrichten, mit der Beerensoße umgießen.

Pro Portion: 229 kcal, 5 g F, 11 g E, 35 g KH, 0 mg Chol

Müsli mit Fruchtsalat

Für 4 Portionen

Zutaten Müsli
- 60 g Haferflocken
- 100 ml Wasser
- 1 EL Walnüsse, gehackt
- 300 g Sojajoghurt natur
- 1/2 TL frischer Ingwer, fein gehackt
- 1/4 TL Zimt

Zutaten Fruchtsalat
- 1 kleine Orange, kleine Stücke
- 1/2 Apfel, kleine Stücke
- 1/2 Birne, kleine Stücke
- 2 getrocknete Aprikosen (Marillen), kleine Stücke
- 50 g blaue Trauben, halbiert
- 50 g weiße Trauben
- 1 EL getrocknete Cranberrys
- Saft von 1/2 Orange
- 1 TL Zitronensaft

Am Vorabend Haferflocken und Wasser vermischen und zugedeckt im Kühlschrank quellen lassen. Am Morgen Walnüsse, Sojajoghurt, Ingwer und Zimt verrühren und mit den Haferflocken vermischen.

Orangen-, Apfel-, Birnen-, Aprikosen-, Traubenstücke und Cranberrys mit Orangen- und Zitronensaft vermischen.

Kurz vor dem Essen das Müsli portionsweise in Gläser füllen, Fruchtsalat daraufgeben.

Pro Portion: 331 kcal, 9 g F, 13 g E, 47 g KH, 0 mg Chol

Müsli mit Apfel und Orange

Für 2 Portionen

Zutaten
- 40 g Dinkelflocken
- 120 ml Wasser
- 300 g Sojajoghurt natur
- 1 Apfel, grob geraspelt
- 1 Orange, kleine Stücke
- 2 EL getrocknete Cranberrys, gehackt
- 1 EL Haselnüsse, gehackt

Am Vorabend die Dinkelflocken mit dem Wasser vermischen, zudecken und über Nacht kalt stellen.

Am Morgen aufgequollene Dinkelflocken, Sojajoghurt, Apfel, Orange, Cranberrys und Nüsse vermischen.

Pro Portion: 296 kcal, 10 g F, 16 g E, 34 g KH, 0 mg Chol

Einpacken und mitnehmen
Diese Müsliportion ist richtig üppig. Sie können morgens nicht so viel essen? Dann das restliche Müsli einpacken und als Snack mitnehmen; es schmeckt den ganzen Tag.

Sommerfrüchte-Cocktail mit Dinkel-Pops

Für 2 Portionen

Zutaten
- 300 g Melone (rot, grün oder ge b), kleine Stücke
- 1 Pfirsich, kleine Stücke
- 2 Aprikosen (Marillen), kleine Stücke
- 2 getrocknete Datteln, kleine Würfel
- 1 TL ungeschälter Sesam, geröstet
- Saft von 2 Orangen
- 30 g Dinkel-Pops, ungesüßt

Melonen, Pfirsich, Aprikosen, Datteln und Sesam mit dem Orangensaft vermischen, die Dinkel-Pops darüberstreuen.

Pro Portion: 222 kcal, 2 g F, 5 g E, 43 g KH, 0 mg Chol

Innovatives Getreideprodukt
Die knusprigen, federleichten Dinkel-Pops werden nach der Methode „Popcorn" hergestellt und sind im Naturkostgeschäft erhältlich – aber unbedingt darauf achten, dass die Dinkel-Pops ungesüßt sind!

MÜSLI MIT APFEL-PFLAUMEN-MUS

FÜR 2 PORTIONEN

Zutaten Müsli
- 40 g Dinkelflocken
- 120 ml Wasser
- 300 g Sojajoghurt natur
- 1 EL Mandeln, gehackt

Zutaten Apfel-Pflaumen-Mus
- 200 g Äpfel, kleine Stücke
- 2 getrocknete Pflaumen (Zwetschken), Stücke
- 1 Stück Bio-Zitronenschale
- 1/4 TL Zimt
- 2 EL Wasser

Am Vorabend die Dinkelflocken mit dem Wasser vermischen, zudecken und über Nacht kalt stellen.

Praktischerweise auch schon am Vorabend Äpfel, Pflaumen, Zitronenschale, Zimt und Wasser in einem kleinen Topf zugedeckt auf kleiner Flamme ca. 8 Minuten köcheln, dabei ab und zu umrühren. Die Äpfel sollen weich sein, dürfen aber nicht zerfallen. Alles mit dem Mixstab fein pürieren.

Am Morgen die Dinkelflocken, das Sojajoghurt und die Mandeln vermischen. Müsli portionsweise mit dem Apfel-Pflaumen-Mus anrichten.

Pro Portion: 266 kcal, 9 g F, 14 g E, 30 g KH, 0 mg Chol

ZEIT SPAREN – GENUSS GEWINNEN
Einfach mehr Apfel-Pflaumen-Mus zubereiten, portionsweise einfrieren und dann jeweils am Vorabend aus dem Tiefkühlfach nehmen.

GEMÜSE-MÜSLI MIT SPROSSEN UND KRÄUTERN

FÜR 2 PORTIONEN

Zutaten

- 40 g Dinkelflocken
- 120 ml Wasser
- 2 Tomaten, kleine Würfel
- 1 roter Paprika, kleine Würfel
- 200 g Gurke, kleine Würfel
- 1 Frühlingszwiebel, feine Ringe
- 3 EL frische Kräuter, gehackt (Petersilie, Basilikum)
- 2 TL geröstete Haselnüsse, gehackt
- Salz
- 2 EL Alfalfa-Sprossen

Am Vorabend Dinkelflocken und Wasser vermischen, zudecken und über Nacht kalt stellen.

Am Morgen Dinkelflocken, Tomaten, Paprika, Gurke, Frühlingszwiebel, Kräuter und Haselnüsse vermischen, leicht salzen. Gemüse-Müsli mit Sprossen bestreut anrichten.

Pro Portion: 155 kcal, 4 g F, 6 g E, 22 g KH, 0 mg Chol

CHINESISCHE FRÜHSTÜCKSSUPPE

FÜR 2 PORTIONEN

Zutaten

- 800 ml Gemüsebrühe (-suppe)
- 150 g gekochter Naturreis
- 1 TL frischer Ingwer, fein gehackt
- 200 g Karotten, dünne Scheiber
- 1-2 TL Sojasoße
- 2 Frühlingszwiebeln, feine Ringe
- 2 TL ungeschälter Sesam, geröstet

Gemüsebrühe mit Reis und Ingwer zum Kochen bringen. Zugedeckt 30 Minuten köcheln, bis die Suppe cremig wird, dabei ab und zu umrühren. Karotten dazugeben, 5 Minuten köcheln. Frühstückssuppe mit wenig Sojasoße abschmecken, mit Frühlingszwiebeln und geröstetem Sesam bestreuen.

Pro Portion: 168 kcal, 4 g F, 5 g E, 28 g KH, 0 mg Chol

PIKANTES FRÜHSTÜCK

Getreideflocken vertragen sich bestens mit knackfrischem Gemüse und Kräutern. In China gibt es am Morgen traditionell eine wärmende Reissuppe; sie entzündet das Lebensfeuer und gibt Energie für den Tag. In Japan wird bereits zum Frühstück die beliebte Misosuppe aufgetischt, das Rezept dafür gibt es auf S. 72. Besonders nahrhaft und gut: die Suppen auch mit Tofuwürfelchen zubereiten.

GRÜNER SMOOTHIE MIT SPINAT, BANANE UND MANGO

FÜR 2 GLÄSER

Zutaten

- 100 g junger Spinat
- 1 Banane, kleine Stücke
- 150 g Mangos, kleine Stücke
- 1 EL Zitronensaft
- 300 ml kaltes Wasser

Spinat, Bananen, Mango, Zitronensaft und Wasser im Mixglas oder mit dem Mixstab zu einem glatten Smoothie pürieren – und sofort trinken!

Pro Portion: 116 kcal, 1 g F, 2 g E, 23 g KH, 0 mg Chol

GRÜNER SMOOTHIE MIT PETERSILIE, BIRNE, SELLERIE UND KAROTTE

FÜR 2 GLÄSER

Zutaten

- 1 Bund Petersilie, gehackt
- 1 Birne, kleine Stücke
- 1 Stängel Bleichsellerie
  (Stangensellerie), kleine Würfel
- 2 getrocknete Datteln,
  kleine Würfel
- 200 ml Karottensaft, frisch
  oder aus der Flasche
- Saft von 2 Orangen
- 1 EL Zitronensaft

Petersilie, Birne, Bleichsellerie, Datteln, Karotten-, Orangen- und Zitronensaft im Mixglas zu einem glatten Drink pürieren.

Pro Portion: 144 kcal, 1 g F, 3 g E, 30 g KH, 0 mg Chol

SMOOTHIE ALS VORSPEISE

Im Sommer schmeckt ein vitaminreicher Smoothie auch als Vorspeise statt Suppe oder Salat.

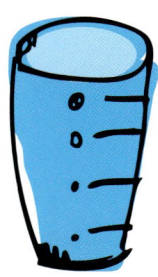

Ananas-Erdbeer-Bananen-Smoothie

Für 4 Gläser

Zutaten
- 150 g Erdbeeren, auch tiefgekühlt
- 250 g Ananas, kleine Stücke
- 1 Banane, kleine Stücke
- 400 ml frisch gepresster Orangensaft
- 1 EL Zitronensaft

Erdbeeren, Ananas, Bananen, Orangen- und Zitronensaft im Mixglas oder mit dem Mixstab zu einem schäumenden Smoothie mixen.

Pro Portion: 125 kcal, 1 g F, 2 g E, 26 g KH, 0 mg Chol

Aprikosen-Johannisbeer-Smoothie

Für 2 Gläser

Zutaten
- 2 getrocknete Aprikosen (Marillen), Stücke
- 100 ml Wasser
- 200 g reife Aprikosen (Marillen), Stücke
- 100 g rote oder schwarze Johannisbeeren (Ribiseln), abgezupft
- 250 ml frisch gepresster Orangensaft

Getrocknete Aprikosen mit dem Wasser übergießen, 1 Stunde quellen lassen. Getrocknete Aprikosen, Einweichflüssigkeit, frische Aprikosen, Johannisbeeren und Orangensaft im Mixglas oder mit dem Mixstab fein pürieren. Den Drink eventuell durch ein Sieb streichen.

Pro Portion: 150 kcal, 1 g F, 3 g E, 30 g KH, 0 mg Chol

DER BESTE SOMMER-SMOOTHIE –
MELONE, PFIRSICH, HIMBEERE

FÜR 2 GLÄSER

Zutaten
- 400 g reife, süße Wassermelone
- 200 g reife Pfirsiche, kleine Stücke
- 100 g Himbeeren

Die Kerne der Wassermelone so gut wie möglich entfernen. Wassermelone kurz mixen und durch ein Sieb streichen. So werden auch die restlichen Kerne entfernt.

Wassermelonensaft, Pfirsiche und Himbeeren im Mixglas oder mit dem Mixstab zu einem glatten Drink pürieren.

Pro Portion: 134 kcal, 1 g F, 3 g E, 28 g KH, 0 mg Chol

FRÜHSTÜCKS-SMOOTHIES
So werden die Smoothies zum „Start-in-den-Tag-Drink": pro Glas 20 g eingeweichte Dinkel-, Hafer-, Hirse- oder Reisflocken untermixen.

GURKEN-ERDBEER-SMOOTHIE MIT MINZE

FÜR 2 GLÄSER

Zutaten
- 200 g Gurke, kleine Stücke
- 200 g Erdbeeren, Stücke
- 1 Banane, kleine Stücke
- 1/2 EL Zitronensaft
- 200 ml kaltes Wasser
- 1 TL frische Minze, gehackt

Gurke, Erdbeeren, Banane, Zitronensaft und Wasser im Mixglas oder mit dem Mixstab zu einem glatten Smoothie pürieren. Minze dazugeben, nur kurz mixen.

Pro Portion: 104 kcal, 1 g F, 2 g E, 21 g KH, 0 mg Chol

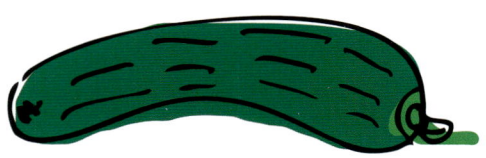

SMOOTHIE MIT ROTER BEETE, APFEL UND MANDARINEN

FÜR 2 GLÄSER

Zutaten
- 200 ml Rote-Beete-Saft (Rote-Rüben-Saft), frisch oder aus der Flasche
- 1 Apfel, Stücke
- 2 TL Rosinen
- 200 ml frisch gepresster Mandarinensaft
- 1/2 EL Zitronensaft

Rote-Beete-Saft, Apfel, Rosinen, Mandarinen- und Zitronensaft im Mixglas oder mit dem Mixstab fein pürieren.

Pro Portion: 130 kcal, 1 g F, 2 g E, 27 g KH, 0 mg Chol

WÄRMENDER SMOOTHIE MIT MANGO, CRANBERRYS UND DATTELN

FÜR 2 GLÄSER

Zutaten
- 20 g getrocknete Mangos, kleine Stücke
- 10 g getrocknete Cranberrys
- 2 getrocknete Datteln
- 1/4 TL Zimt
- 1 TL frischer Ingwer, gehackt
- 1 Stück Bio-Orangenschale
- 1 Stück Bio-Zitronenschale
- 250 ml Wasser
- 250 ml frisch gepresster Orangensaft
- 1 TL Zitronensaft

Mangos, Cranberrys, Datteln, Zimt, Ingwer, Orangen- und Zitronenschale mit 250 ml Wasser zum Kochen bringen, 3 Minuten köcheln und 10 Minuten zugedeckt ziehen lassen.

Mit dem Mixstab oder im Mixglas alles fein pürieren. Orangensaft unterrühren, Smoothie nochmals erhitzen, aber nicht aufkochen.

Pro Portion: 133 kcal, 1 g F, 2 g E, 28 g KH, 0 mg Chol

SAL

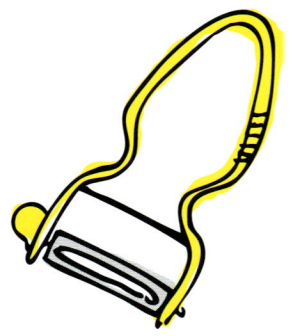

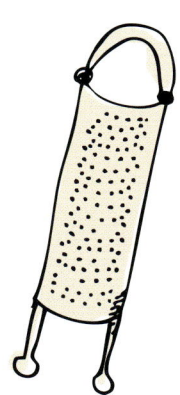

ATE

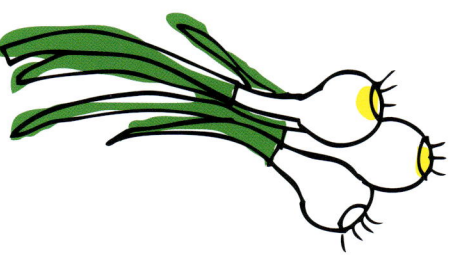

Da haben Sie den Salat

Jeden Tag eine üppige Portion Salat – das hilft beim Abnehmen und Ausgleichen des Säure-Basen-Haushaltes. Den Salat essen Sie am besten zu Mittag. Wenn es Ihnen bekommt, können Sie ihn aber auch zum frühen Abendessen genießen. Da Blattsalate und Gemüse sehr wenig Kalorien haben, können Sie nach Herzenslust zugreifen. Denn 100 g Kopfsalat haben nur 12 kcal, 100 g Tomaten gerade einmal 19 kcal. Es spielt also keine Rolle, ob Sie 100 oder 200 g mehr davon essen. Hauptsache, Sie essen den Salat, denn er bringt viele Vitalstoffe und Basenpower auf den Speiseplan. Knackpunkt beim Fastensalat ist das fettarme Dressing. Wenn es schnell gehen muss, für 2 Portionen einfach den Saft einer Orange, 2 EL Zitronensaft, 1/2 EL Öl, Salz und Pfeffer verrühren.

Salat – täglich neue Rezepte und Dressings auf Vorrat

Wählen Sie die Salatzutaten im Einklang mit der Jahreszeit und entdecken Sie täglich neue Kombinationen von Blatt-, Frucht- und Wurzelgemüse, zartem Spinat, jungem Kohlrabi, knackigen Zucchini, Roter Beete (Roter Rübe), Rucola – sie kommen alle in eine Schüssel. Besonders praktisch: Bereiten Sie gleich mehr Dressing zu, es hält sich im Kühlschrank einige Tage.

Kräuter-Haselnuss-Dressing

Für 4 Portionen

Zutaten
- 1 Bund Petersilie, fein gehackt
- 1 EL Öl
- 1 EL Haselnüsse, gemahlen
- 1 EL Apfelessig
- 2 EL Zitronensaft
- 120 ml kalte Gemüsebrühe (-suppe)
- Salz, Pfeffer

Alle Zutaten mit Mixglas oder mit dem Mixstab zu einer glatten Soße pürieren.

Pro Portion: 47 kcal, 4 g F, 1 g E, 2 g KH, 0 mg Chol

Schmeckt zu
Fein geraspelten Karotten, Roter Beete (Roter Rübe) und Sellerie, zu Blattsalaten, gedämpftem Blumenkohl (Karfiol) und grünen Bohnen (Fisolen).

TOFUDRESSING — ROSAROT UND CREMIG
FÜR 4 PORTIONEN

Zutaten
- 100 g Tofu, kleine Stücke
- 1 EL Öl
- 1 EL Apfelessig
- 1 EL Zitronensaft
- 2 TL Dijonsenf
- 1 TL Rosinen, gehackt
- 2 EL passierte Tomaten (Tetra-Pak)
- 80 ml kaltes Wasser
- Salz

Tofu, Öl, Essig, Zitronensaft, Senf, Rosinen, passierte Tomaten und Wasser im Mixglas oder mit dem Mixstab auf höchster Stufe zu einem glatten Dressing pürieren. Es soll die Konsistenz von Mayonnaise haben. Wenn das Dressing zu dickflüssig wird, etwas passierte Tomaten und/oder Zitronensaft dazugeben. Dressing mit Salz abschmecken.

Pro Portion: 55 kcal, 4 g F, 4 g E, 2 g KH, 0 mg Chol

Passt zu
Blattsalaten, Tomaten, Gurken, Paprika, fein geraspelten Kohlrabi und Zucchini, Spargel, Bleichsellerie (Stangensellerie).

KAROTTEN-KARTOFFEL-DRESSING
FÜR 2 PORTIONEN

Zutaten
- 70 g gekochte Kartoffeln, fein geraspelt
- 150 ml Karottensaft
- 1 EL Zitronensaft
- 1 EL Apfelessig
- 1 EL Öl
- Salz, Pfeffer

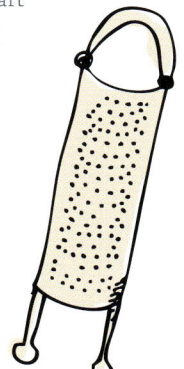

Kartoffeln, Karotten-, Zitronensaft, Apfelessig und Öl mit dem Mixstab fein pürieren. Dressing mit Salz und Pfeffer abschmecken.

Pro Portion: 46 kcal, 3 g F, 1 g E, 5 g KH, 0 mg Chol

Ideale Resteverwertung
Dieses cremige Allround-Dressing auch mit übriggebliebenem Kartoffelpüree zubereiten.

FASTENSALAT MIT GRASGRÜNEM DRESSING

FÜR 2 PORTIONEN

Zutaten Dressing
- 100 g Gurke, grob geraspelt
- 8 Blätter Kopfsalat, feine Streifen
- 1 Bund Petersilie, fein gehackt
- 3 EL Zitronensaft
- 1 EL Öl
- Salz, Pfeffer

Zutaten Salat
- 300 g Gemüse, geschnitten oder geraspelt
- 150 g Blattsalate

Gurke, Kopfsalat, Petersilie, Zitronensaft und Öl mit dem Mixstab zu einem glatten Dressing pürieren, mit wenig Salz und Pfeffer abschmecken.

Salatzutaten, die Sie ganz nach Jahreszeit und persönlichem Appetit zusammenstellen, mit dem Dressing vermischen.

Pro Portion: 110 kcal, 6 g F, 4 g E, 10 g KH, 0 mg Chol

FOLIENKARTOFFELN MIT PAPRIKA-TOMATEN-DIP

FÜR 2 PORTIONEN

Zutaten
- 2 Bio-Kartoffeln à 200 g
- 1 EL Olivenöl
- 1/2 Zwiebel, gehackt
- 2 rote Paprika, Streifen
- Salz
- 100 ml passierte Tomaten (Tetra-Pak)
- 1 Pfefferoni, feine Ringe

Kartoffeln in Alufolie wickeln, im Ofen bei 200 °C (180 °C Heißluft, Gas Stufe 5) ca. 50 bis 60 Minuten braten.

Für den Dip das Olivenöl erhitzen. Zwiebel darin weich dünsten. Paprika dazugeben, kurz anbraten, mit Salz würzen. Passierte Tomaten untermischen und zugedeckt ca. 10 Minuten dünsten, bis die Paprika weich sind. Alles mit dem Mixstab pürieren und mit Salz abschmecken.

Folienkartoffeln aufschneiden, mit dem Dip füllen und mit Pfefferoni bestreuen.

Pro Portion: 278 kcal, 11 g F, 7 g E, 37 g KH, 0 mg Chol

HAUPTGERICHT – SCHNELL, EINFACH UND GUT
Folienkartoffeln mit Paprika-Tomaten-Dip, dazu Fastensalat mit grasgrünem Dressing.

CHICORÉE-SALAT MIT KAROTTEN UND BIRNEN

FÜR 2 PORTIONEN

Zutaten Dressing
- Saft von 1 Orange
- 1 EL Zitronensaft
- 1/2 TL frischer Ingwer, fein gehackt
- 1 TL Öl
- Salz, Pfeffer

Zutaten Salat
- 2 Chicorée, feine Ringe
- 1 Birne, kleine Stücke
- 1 Karotte, grob geraspelt
- 1 Frühlingszwiebel, feine Ringe
- 2 TL ungeschälter Sesam, geröstet

Für das Dressing Orangensaft, Zitronensaft, Ingwer, Öl, Salz und Pfeffer verrühren.

Chicorée, Birnen, Karotte und Frühlingszwiebel mit dem Dressing vermischen, Salat mit Sesam bestreuen.

Pro Portion: 128 kcal, 4 g F, 2 g E, 20 g KH, 0 mg Chol

AVOCADO-PFIRSICH-SALAT

FÜR 2 PORTIONEN

Zutaten
- 1 kleine Fenchelknolle, winzige Würfel
- 1 Orange, winzige Stücke
- Saft von 1 Orange
- Saft von 1 Limette
- 1/2 TL frischer Ingwer, fein gehackt
- Salz, Chilipulver
- 1 weiche Avocado, geschält
- 1 reifer Pfirsich

Fenchel, Orange, Orangen- und Limettensaft und Ingwer vermischen. Salsa mit Salz und einer Prise Chili abschmecken. Erst unmittelbar vor dem Essen Avocado und Pfirsich in feine Spalten schneiden. Avocado und Pfirsich portionsweise anrichten. Die Fenchel-Orangen-Salsa darauf verteilen.

Pro Portion: 293 kcal, 15 g F, 6 g E, 32 g KH, 0 mg Chol

SPINATSALAT MIT TOMATEN-OLIVEN-DRESSING

FÜR 2 PORTIONEN

Zutaten Dressing
- 2 Tomaten, klein gewürfelt
- 2-3 EL Zitronensaft
- 1 Knoblauchzehe, fein gehackt
- 4 schwarze Oliven, gehackt
- 1 Frühlingszwiebel, feine Ringe
- 1/2 Bund Basilikum, geschnitten
- Salz, Pfeffer

Zutaten Salat
- 200 g junger Spinat
- 1 EL Olivenöl

Tomaten, Zitronensaft, Knoblauch, Oliven, Frühlingszwiebel und Basilikum vermischen, mit Salz und Pfeffer abschmecken.

Öl im Wok oder einer großen Pfanne erhitzen. Spinat darin unter Rühren kurz erhitzen. Die Blättchen sollen nur leicht zusammenfallen.

Spinat mit dem Dressing vermischen. Salat mit Salz und Pfeffer abschmecken.

Pro Portion: 124 kcal, 7 g F, 5 g E, 10 g KH, 0 mg Chol

SOMMERFRISCHER GURKEN-MELONEN-SALAT MIT MINZE

FÜR 2 PORTIONEN

Zutaten
- 200 g Gurke, sehr dünne Scheiben
- 200 g Honig- oder Zuckermelone, sehr dünne Scheiben
- 2-3 EL Zitronensaft
- 1 EL Öl
- 2 TL frische Minze, fein gehackt
- Salz, Pfeffer

Gurke, Melone, Zitronensaft, Öl und Minze vermischen. Salat mit Salz und Pfeffer abschmecken und etwas durchziehen lassen.

Pro Portion: 104 kcal, 5 g F, 1 g E, 12 g KH, 0 mg Chol

GRANATAPFEL-ORANGEN-DRESSING

FÜR 4 PORTIONEN

Zutaten
- 1 Granatapfel
- 1 große Orange
- 2 Frühlingszwiebeln, feine Ringe
- 1 EL Öl
- Saft von 1 Orange
- 1 EL Zitronensaft
- Salz
- 2 EL frischer Koriander
  oder Petersilie, fein gehackt

Schale des Granatapfels mit dem Messer rundum etwas anschneiden. Granatapfel auseinanderbrechen. Kerne vorsichtig aus den Zwischenhäuten lösen. Das gelingt am besten mit den Fingern.

Die große Orange mit einem scharfen Messer schälen, dabei die weiße Haut ganz abschneiden. Orangenfilets zwischen den Trennhäuten herausschneiden, dabei den herabtropfenden Saft auffangen. Orangenfilets in kleine Stücke schneiden. (Das klingt umständlich? Dann Orange einfach schälen und in Stücke schneiden.)

Granatapfelkerne, Orangenstücke, Frühlingszwiebeln, Öl, Orangen- und Zitronensaft vermischen, Dressing mit Salz abschmecken, Koriander untermischen.

Pro Portion: 86 kcal, 3 g F, 1 g E, 13 g KH, 0 mg Chol

EIN DRESSING FÜR VIELE SALATE
Das Granatapfeldressing vermischen mit
kleinen Avocadospalten und Kopfsalat;
geraspelter Karotte und fein geschnittenem Chicorée;
gekochter, in dünne Scheiben geschnittener Roter Beete (Roter Rübe);
feinen Fenchelstreifen und Feldsalat;
fein gehobeltem Rotkohl (Rotkraut), zuvor mit wenig Salz durchgeknetet.

Japan-Salat – Grüne Bohnen mit Miso-Sesam-Dressing

Für 2 Portionen

Zutaten

- 300 g grüne Bohnen (Fisolen), auch tiefgekühlt, Stücke
- 2 TL ungeschälter Sesam, geröstet
- 2 TL Shiro-Miso (helles Miso)
- 2 TL Sojasoße
- 4 EL kalte Gemüsebrühe (-suppe)
- 2 EL Zitronensaft
- 1/2 TL frischer Ingwer, fein gehackt

Bohnen zugedeckt in einem Siebeinsatz über Wasserdampf ca. 5 Minuten weich garen (sie sollten aber noch Biss haben). Damit die schöne grüne Farbe erhalten bleibt, Bohnen eiskalt abspülen und gut abtropfen lassen.

Für das Dressing Sesam, Miso, Sojasoße, Gemüsebrühe, Zitronensaft und Ingwer gut verrühren. Grüne Bohnen damit vermischen. Salat etwas durchziehen lassen

Pro Portion: 163 kcal, 4 g F, 12 g E, 20 g KH, 0 mg Chol

Salat mit Brunnenkresse und Grapefruit

Für 2 Portionen

Zutaten

- 1 Grapefruit
- 1/2 Kopfsalat, kleine Stücke
- 1 Handvoll Brunnenkresse, kleine Stücke
- 1 Frühlingszwiebel, feine Ringe
- 1 EL Öl
- 1-2 EL Zitronensaft
- 1 Prise Zimt
- Salz, Pfeffer

Grapefruit mit einem scharfen Messer schälen, dabei die weiße Haut ganz abschneiden. Grapefruitfilets zwischen den Trennhäuten herausschneiden, dabei den herabtropfenden Saft auffangen. Grapefruitfilets in kleine Stücke schneiden.

Für das Dressing aufgefangenen Grapefruit-, Zitronensaft und Öl verrühren. Dressing mit einem Hauch Zimt, Salz und Pfeffer abschmecken.

Kopfsalat, Brunnenkresse, Grapefruit und Frühlingszwiebel mit dem Dressing vermischen.

Pro Portion: 100 kcal, 5 g F, 2 g E, 9 g KH, 0 mg Chol

THAI-SALAT MIT ANANAS UND TOFU

FÜR 2 PORTIONEN

Zutaten

- 2 EL Sojasoße
- 1/4 TL Currypulver
- 1/2 TL frischer Ingwer, fein gehackt
- 100 g Tofu, kleine Würfel
- 1 EL Öl
- 80 g Mungsprossen („Sojasprossen")
- 100 g Karotte, grob geraspelt
- 100 g Ananas, sehr kleine Stücke
- 1 Frühlingszwiebel, dünne Ringe
- 1 getrocknete Dattel, fein gehackt
- 2-3 EL Limettensaft
- Salz
- 1 EL frischer Koriander oder Petersilie, fein gehackt

Sojasoße, Curry und Ingwer verrühren, mit dem Tofu vermischen. Tofu ca. 1 Stunde marinieren lassen.

Öl in einem Wok oder einer Pfanne erhitzen, marinierten Tofu darin unter Rühren 3 Minuten braten, bis die Flüssigkeit verdampft ist. Sprossen unterrühren und 1 Minute braten, dabei umrühren.

In einer Schüssel Tofu, Sprossen, Karotte, Ananas, Frühlingszwiebel, Dattel und Limettensaft vermischen. Salat mit Salz abschmecken, mit Koriander bestreuen.

Pro Portion: 182 kcal, 8 g F, 9 g E, 18 g KH, 0 mg Chol

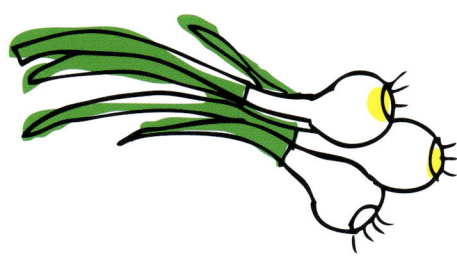

SALSA-SALAT MIT SEIDENTOFU

FÜR 2 PORTIONEN

Zutaten

- 2 Tomaten, kleine Würfel
- 1/2 roter Paprika, kleine Würfel
- 200 g Gurke, kleine Würfel
- 1/2 rote Zwiebel, fein gehackt
- 1 Knoblauchzehe, fein gehackt
- 1-2 EL weißer Balsamicoessig
- 1 TL Olivenöl
- Salz, Chilipulver
- 150 g Seidentofu
- 2 EL Radieschensprossen
- 2 TL Kürbiskerne, geröstet

Tomaten, Paprika, Gurke, Zwiebel, Knoblauch, Balsamicoessig und Olivenöl vermischen. Salsa-Salat mit Salz und Chili abschmecken, etwas Saft ziehen lassen.

Seidentofu portionsweise anrichten, den Salsa-Salat darauf verteilen, mit Radieschensprossen und Kürbiskernen bestreuen.

Pro Portion: 152 kcal, 7 g F, 11 g E, 10 g KH, 0 mg Chol

SEIDENTOFU

Zarter, cremiger Seidentofu wird auf Salat oder in Misosuppe (S. 72) serviert. Im Sommer erfrischt er eisgekühlt mit Frühlingszwiebeln und einem Dip aus Sojasoße, Apfelsaft und Ingwer.

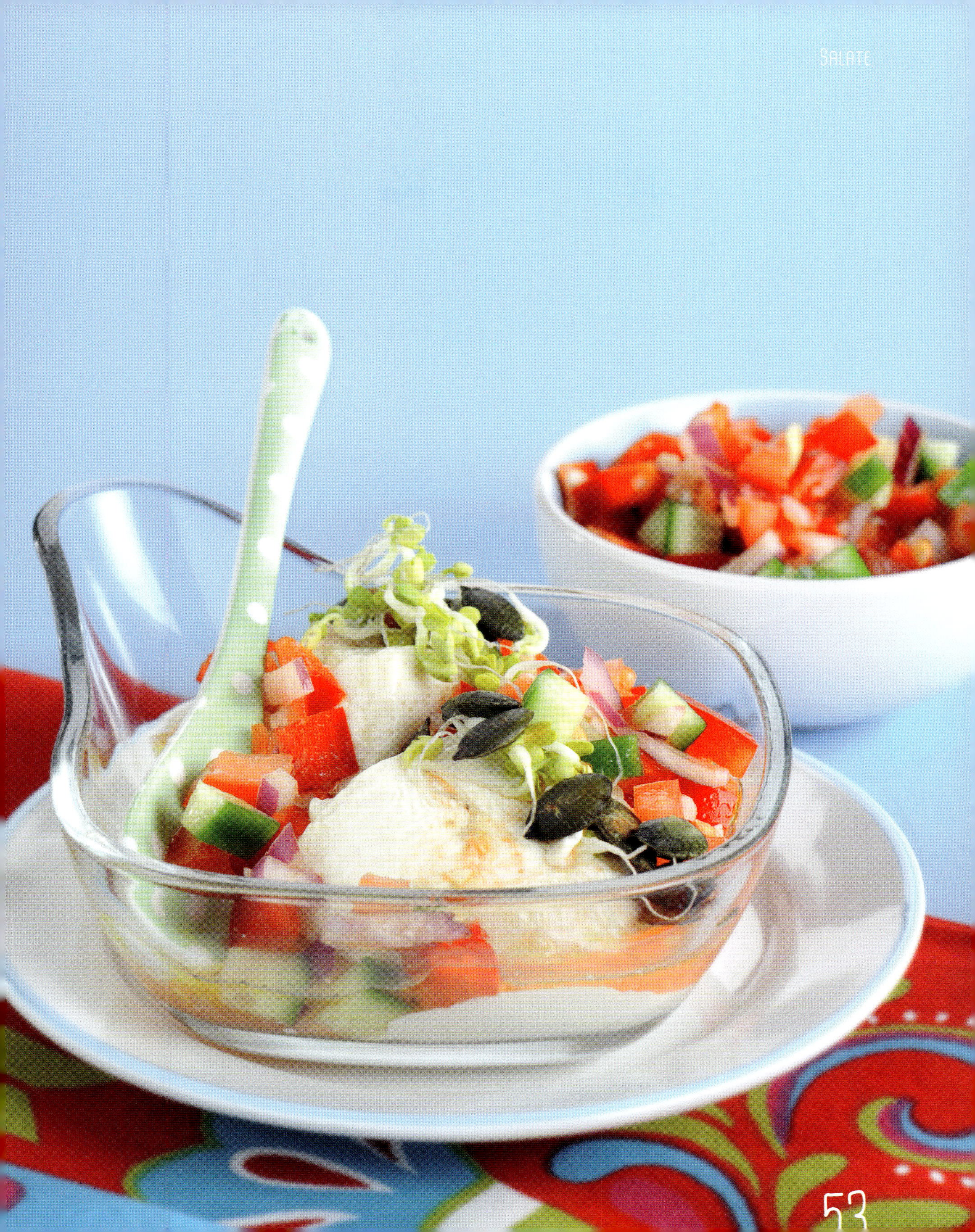

SALAT MIT APFEL UND SELLERIEDRESSING

Für 2 Portionen

Zutaten Dressing
- 60 g Sellerie, kleine Würfel
- 100 ml Gemüsebrühe (-suppe)
- 2 EL Zitronensaft
- 1/2 TL Bio-Zitronenschale, fein gehackt
- 1 TL Senf
- 2 EL Sojasahne
- Salz, Pfeffer

Zutaten Salat
- 1/4 Kopfsalat, kleine Stücke
- 100 g Feldsalat (Vogerlsalat)
- 1 Apfel, feine Scheiben
- 1/2 rote Zwiebel, feine Streifen
- 1 EL Haselnüsse, geröstet, gehackt
- 2 EL Radieschensprossen

Für das Dressing Sellerie mit Gemüsebrühe und Zitronensaft zum Kochen bringen. Zugedeckt ca. 6 Minuten köcheln, bis die Sellerie weich ist. Mit dem Mixstab Sellerie, Garflüssigkeit, Zitronensaft, Zitronenschale, Senf und Sojasahne zu einem glatten Dressing mixen. Dressing mit Salz und Pfeffer abschmecken.

Kopfsalat, Feldsalat, Apfel und Zwiebel mit dem Dressing vermischen. Salat mit Haselnüssen und Sprossen bestreuen. Für besondere Anlässe mit den Pastinaken-Chips (siehe unten) servieren.

Pro Portion: 136 kcal, 7 g F, 3 g E, 15 g KH, 0 mg Chol

PASTINAKEN-CHIPS – GARNITUR UND LEICHTE KNABBEREI

200 g Pastinaken mit der Brotschneidemaschine in 2 mm dünne Längsscheiben schneiden, in einen Gefrierbeutel geben, 1 EL Öl und wenig Salz dazugeben, gut durchschütteln. Pastinaken auf einem Backblech verteilen, im Ofen bei 120 °C (100 °C Heißluft, Gas Stufe 2-3) ca. 1 Stunde trocknen, dabei ab und zu umdrehen. Chips auf Küchenpapier ausbreiten, etwas nachtrocknen lassen. Pastinaken-Chips bringen Knuspern ins Essen, werden über Salat und Wokgemüse gestreut, statt Croûtons zu Suppen gereicht oder zwischendurch geknabbert.

BLUMENKOHLSALAT MIT KAPERN, ROSINEN UND ZWIEBEL-ZITRONEN-DRESSING

FÜR 2 PORTIONEN

Zutaten
- 250 ml Gemüsebrühe (-suppe)
- 400 g Blumenkohl (Karfiol), kleine Röschen
- 3-4 EL Zitronensaft
- 1 EL Olivenöl
- 1 kleine Zwiebel, fein gehackt
- Muskat
- 1/2 TL Bio-Zitronenschale, fein gehackt
- 2 TL Rosinen
- 2 TL Kapern, fein gehackt
- 2 EL Petersilie, fein gehackt

Gemüsebrühe zum Kochen bringen. Blumenkohl darin zugedeckt ca. 6 Minuten bissfest köcheln.

Blumenkohl abgießen, Kochflüssigkeit auffangen. Den heißen Blumenkohl mit 2 EL Zitronensaft vermischen.

Öl in einem kleinen, beschichteten Topf erhitzen. Zwiebel darin bei milder Hitze weich und glasig dünsten. Muskat dazugeben, unter Rühren kurz anrösten. Mit der Garflüssigkeit aufgießen, mit Zitronenschale würzen. Dressing 7 Minuten zugedeckt köcheln. 1 bis 2 EL Zitronensaft untermischen. Blumenkohl mit Rosinen, Kapern und dem Zwiebeldressing vermischen. Salat mit Salz und Pfeffer abschmecken, etwas durchziehen lassen. Petersilie kurz vor dem Essen untermischen.

Pro Portion: 167 kcal, 7 g F, 7 g E, 18 g KH, 0 mg Chol

ROTE-BEETE-SALAT MIT APFEL-KOKOS-DRESSING

FÜR 2 PORTIONEN

Zutaten

- 1 Apfel, kleine Stücke
- 2 EL Wasser
- 2-3 EL Zitronensaft
- 1 Stück Bio-Zitronenschale
- 1/2 TL frischer Ingwer, gehackt
- 1/4 TL Koriander, zerstoßen
- 3 EL Kokosmilch
- Salz, Pfeffer
- 400 g gekochte Rote Beete (Rote Rübe), dünne Scheiben

Apfel, Wasser, 1 EL Zitronensaft, Zitronenschale, Ingwer und Koriander in einen kleinen Topf geben, zugedeckt ca. 5 Minuten köcheln. Die Äpfel sollen weich sein, aber nicht zerfallen.

Kokosmilch dazugeben, alles kurz erhitzen. Restlichen Zitronensaft dazugeben. Mit dem Mixstab alles zu einem glatten Dressing pürieren. Dressing mit Salz und Pfeffer abschmecken, Rote Beete damit vermischen, etwas durchziehen lassen.

Pro Portion: 152 kcal, 4 g F, 4 g E, 28 g KH, 0 mg Chol

WEISSKOHLSALAT MIT PILZDRESSING

FÜR 2 PORTIONEN

Zutaten

- 300 g Weißkohl (Weißkraut), fein gehobelt oder geschnitten
- Salz, Pfeffer
- 1/2 TL Kümmel, zerstoßen
- 1 EL Öl
- 1 kleine Zwiebel, fein gehackt
- 200 g Champignons, kleine Würfel
- 1/4 TL Thymian
- Muskat
- 2 EL Apfelessig
- 2 EL Petersilie, fein gehackt

Weißkohl mit Salz, Pfeffer und Kümmel vermischen, mit den Händen durchkneten und etwas ziehen lassen. So wird das Kraut weich und saftig.

Öl in einer beschichteten Pfanne erhitzen. Zwiebel darin bei schwacher Hitze glasig und weich dünsten. Pilze dazugeben, leicht salzen, mit Thymian und Muskat würzen, unter Rühren ca. 3 Minuten braten. Der Pilzsaft soll dabei nicht ganz verkochen. Pilze vom Herd nehmen, Apfelessig unterrühren.

Weißkohl mit dem Pilz-Dressing und Petersilie vermischen. Salat mit Salz und Pfeffer abschmecken.

Pro Portion: 115 kcal, 6 g F, 6 g E, 10 g KH, 0 mg Chol

SPARGELSALAT MIT ERDBEEREN UND BASILIKUM-DRESSING

FÜR 2 PORTIONEN

Zutaten

- 250 g weißer Spargel
- 250 g grüner Spargel
- 200 ml Wasser
- Salz, Pfeffer
- 2 EL Zitronensaft
- 1/2 TL Bio-Zitronenschale, fein gehackt
- 1 EL Olivenöl
- 150 g Erdbeeren, kleine Stücke
- 1/4 Bund Basilikum, fein geschnitten
- 2 TL frische Minze, fein gehackt

Vom Spargel die trockenen Enden abschneiden. Weißen Spargel gut schälen. Weißen und grünen Spargel längs halbieren, in 5 cm lange Stücke schneiden. 200 ml Wasser mit Salz und 1/2 EL Zitronensaft aufkochen. Weißen Spargel darin ca. 5 Minuten bissfest kochen. Spargel abgießen, Kochflüssigkeit auffangen, auf 100 ml einkochen. 1 1/2 EL Zitronensaft, Zitronenschale und Olivenöl mit dem Schneebesen unter die Kochflüssigkeit rühren. Weißen Spargel mit dem Dressing vermischen.

Salzwasser zum Kochen bringen, grünen Spargel darin ca. 5 Minuten bissfest kochen, abgießen, eiskalt abschrecken, gut abtropfen lassen. Grünen Spargel mit dem marinierten weißen Spargel vermischen und mit Pfeffer würzen. Salat etwas durchziehen lassen. Kurz vor dem Servieren vorsichtig mit Erdbeeren, Basilikum und Minze vermischen.

Pro Portion: 127 kcal, 6 g F, 6 g E, 12 g KH, 0 mg Chol

ZWEI, DIE ZUSAMMENGEHÖREN

Zum Spargelsalat unbedingt junge, in der Schale gedämpfte Kartoffeln essen – ein Frühlingsessen de luxe!

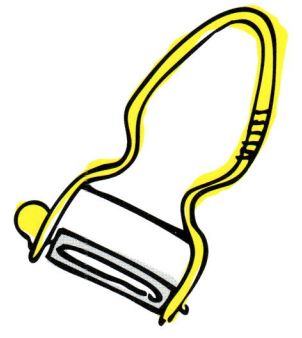

AUBERGINEN MIT SESAM-SOJAJOGHURT-DRESSING

FÜR 2 PORTIONEN

Zutaten
- 400 g Auberginen (Melanzani), dünne Scheiben
- 150 g Sojajoghurt
- 1 Knoblauchzehe, fein gehackt
- 1-2 EL Zitronensaft
- 1/2 EL Olivenöl
- 1 TL Sesammus (Tahini)
- 1/2 TL Bio-Zitronenschale, fein gehackt
- 1/4 TL Kreuzkümmel (Cumin), gemahlen
- Salz, Pfeffer

Backofen auf 180 °C Ober- und Unterhitze (Umluft 160 °C, Gas Stufe 3-4) vorheizen. Ein Backblech mit Backpapier belegen, Auberginenscheiben nebeneinander auf das Blech legen und 10 Minuten im Ofen braten. Auberginen umdrehen, nochmals 10 Minuten braten. Große Scheiben in Stücke schneiden.

Für das Dressing Sojajoghurt, Knoblauch, Zitronensaft, Olivenöl, Sesammus, Zitronenschale und Kreuzkümmel glatt rühren. Dressing mit Salz und Pfeffer abschmecken.

In eine kleine Schüssel abwechselnd eine Schicht Auberginen und etwas Sesam-Joghurt-Dressing geben. Mit dem Dressing abschließen. Salat im Kühlschrank mindestens 1 Stunde durchziehen lassen.

Pro Portion: 133 kcal, 7 g F, 9 g E, 7 g KH, 0 mg Chol

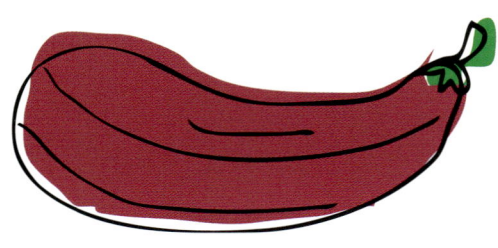

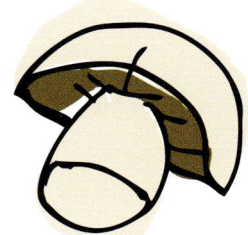

SUP

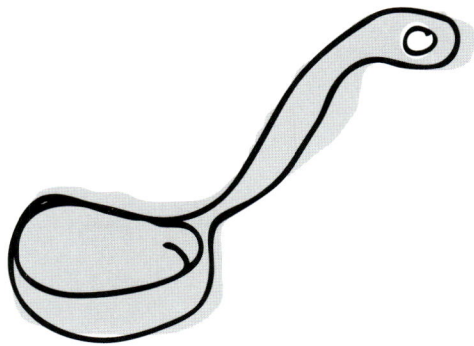

PEN

Gazpacho – kalte Tomatensuppe

Für 4 Portionen

Zutaten
- 1 kg reife Tomaten, Stücke
- 100 g gekochte, mehlige Kartoffeln, Stücke
- 1/2 Zwiebel, gehackt
- 2 Knoblauchzehen, gehackt
- 200 ml eiskaltes Wasser
- 2 EL Olivenöl
- 2 TL Sherryessig
- Salz, Pfeffer
- 8 Blättchen frische Minze

Tomaten, Kartoffeln, Zwiebel, Knoblauch, Wasser, Olivenöl und Essig mit dem Mixstab zu einer glatten Suppe pürieren. Gazpacho mit Salz und Pfeffer abschmecken, mit Minze bestreut servieren. Am besten schmeckt der Gazpacho gut gekühlt.

Pro Portion: 112 kcal, 6 g F, 3 g E, 12 g KH, 0 mg Chol

Praktisch
Sie können gleich eine größere Menge zubereiten, denn im Kühlschrank hält sich der Gazpacho zwei Tage.

Kalte Kräuter-Salat-Suppe

Für 4 Portionen

Zutaten
- 800 ml Gemüsebrühe (-suppe)
- 300 g mehlige Kartoffeln, Würfel
- 250 g Lauch, Streifen
- 1 Stück Bio-Zitronenschale
- Muskat
- 1/2 Kopfsalat, grob geschnitten
- 1 Bund Petersilie, gehackt
- 1 Bund Basilikum, gehackt
- 4 EL Sojasahne
- 1 EL Zitronensaft
- Salz, Pfeffer

Gemüsebrühe zum Kochen bringen. Kartoffeln und Lauch dazugeben, mit Zitronenschale und Muskat würzen, zugedeckt ca. 8 Minuten köcheln. Kartoffeln und Lauch sollen weich sein, aber nicht zerfallen.

Suppe mit dem Mixstab fein pürieren, abkühlen lassen und 2 Stunden kalt stellen.

Kalte Suppe mit Kopfsalat, Petersilie, Basilikum, Sojasahne und Zitronensaft fein pürieren, mit Salz und Pfeffer abschmecken.

Pro Portion: 100 kcal, 3 g F, 4 g E, 15 g KH, 0 mg Chol

Die Rezepte „Kalte Karotten-Kürbis-Orangen-Suppe" und „Kalte Pastinaken-Trauben-Suppe" auf diesem Foto finden Sie auf Seite 66.

Kalte Karotten-Kürbis-Orangen-Suppe

Für 4 Portionen

Zutaten
- 2 EL Öl
- 1 Zwiebel, fein gehackt
- 1/4 TL Zimt
- Muskat
- 800 ml Gemüsebrühe (-suppe)
- 200 g Karotten, dünne Scheiben
- 300 g Kürbis (Muskat oder Hokkaido), kleine Würfel
- 1 Stück Bio-Zitronenschale
- 1 Stück Bio-Orangenschale
- 2 TL frischer Ingwer, gehackt
- Chilipulver
- Saft von 1 Orange
- 1-2 EL Zitronensaft
- Salz
- 4 Stängel Koriander

Öl in einem beschichteten Topf erhitzen, Zwiebel darin bei milder Hitze glasig weich dünsten, mit Zimt und Muskat würzen, kurz unter Rühren anrösten. Gemüsebrühe dazugeben. Alles zum Kochen bringen, zugedeckt 5 Minuten köcheln.

Karotten, Kürbis, Zitronen-, Orangenschale und Ingwer dazugeben, mit Chili würzen. Suppe ca. 10 Minuten köcheln, bis das Gemüse weich ist. Suppe mit dem Mixstab fein pürieren, abkühlen lassen, 2 Stunden kalt stellen.

Kurz vor dem Essen Orangen- und Zitronensaft in die kalte Suppe geben und mit dem Mixstab fein pürieren, mit Salz und Chili abschmecken, mit Koriander garnieren (Foto siehe S. 64).

Pro Portion: 104 kcal, 5 g F, 2 g E, 11 g KH, 0 mg Chol

Kalte Pastinaken-Trauben-Suppe

Für 4 Portionen

Zutaten
- 1 l Gemüsebrühe (-suppe)
- 1 Zwiebel, fein gehackt
- 400 g Pastinaken, kleine Stücke
- 1 kleine Petersilienwurzel, kleine Stücke
- 2 Knoblauchzehen, gehackt
- 1 Stück Bio-Zitronenschale
- Muskat
- 1/2 TL Koriander, gemahlen
- 2 EL weißes Mandelmus
- 1-2 EL Zitronensaft
- Salz, Pfeffer
- 200 g Weintrauben, halbiert

Gemüsebrühe mit der Zwiebel zum Kochen bringen, zugedeckt 10 Minuten köcheln. Pastinaken, Petersilienwurzel, Knoblauch, Zitronenschale, Muskat und Koriander dazugeben, zugedeckt ca. 8 Minuten köcheln, bis die Pastinaken weich sind.

Pastinakensuppe, Mandelmus und Zitronensaft mit dem Mixstab fein pürieren, mit Salz und Pfeffer abschmecken, 3 Stunden kalt stellen. Suppe portionsweise mit Weintrauben anrichten (Foto siehe S. 64).

Pro Portion: 111 kcal, 4 g F, 4 g E, 15 g KH, 0 mg Chol

FLORENTINER TOPF MIT GRÜNEN BOHNEN, TOMATEN, SPINAT UND KARTOFFELN

FÜR 4 PORTIONEN

Zutaten

- 2 EL Olivenöl
- 1 Zwiebel, fein gehackt
- 3 Knoblauchzehen, fein gehackt
- Muskat
- 1 Bund Petersilie, fein gehackt
- 300 g festkochende Kartoffeln, kleine Würfel
- Salz, Pfeffer
- 1,2 l Gemüsebrühe (-suppe)
- 1/2 TL Thymian
- 1 TL Basilikum
- 2 Lorbeerblätter
- 200 g grüne Bohnen (Fisolen), auch tiefgekühlt, kleine Stücke
- 300 g geschälte Tomaten (Dose), kleine Stücke
- 100 g Spinat (auch Blattspinat, tiefgekühlt), Stücke

Olivenöl in einem beschichteten Topf erhitzen. Zwiebel darin bei milder Hitze glasig weich dünsten. Knoblauch und Muskat dazugeben, unter Rühren kurz anbraten.

Die Hälfte der Petersilie und Kartoffeln dazugeben, leicht salzen, unter Rühren kurz anbraten. Mit Gemüsebrühe aufgießen, Thymian, Basilikum und Lorbeer dazugeben. Alles zum Kochen bringen. 5 Minuten zugedeckt köcheln. Grüne Bohnen dazugeben, 6 Minuten zugedeckt köcheln.

Tomaten dazugeben und 3 Minuten köcheln. Spinat unterrühren. Suppe noch einen Moment köcheln. Suppe mit Salz und Pfeffer abschmecken, mit der restlichen Petersilie bestreuen. Besonders köstlich: Suppe portionsweise mit einem Löffelchen Pesto (S. 69) servieren.

Pro Portion: 125 kcal, 3 g F, 5 g E, 18 g KH, 0 mg Chol

MINESTRONE – SCHMECKT IMMER WIEDER!

FÜR 4 PORTIONEN

Zutaten
- 2 EL Olivenöl
- 1 Zwiebel, fein gehackt
- 2 Knoblauchzehen, fein gehackt
- 1,2 l Gemüsebrühe (-suppe)
- 150 g festkochende Kartoffeln, kleine Stücke
- 100 g Karotten, dünne Scheiben
- 50 g Gelbe Rübe, dünne Scheiben
- 2 Lorbeerblätter
- 1 TL Liebstöckel
- Muskat
- 100 g grüne Bohnen (Fisolen), feine Streifen
- 100 g Brokkoli, kleine Röschen
- 100 g Lauch, feine Streifen
- 2 Tomaten, abgezogen, kleine Würfel
- 3 TL frisches Oregano, fein gehackt
- 1 TL frischer Thymian, fein gehackt
- Salz, Pfeffer

Öl in einem beschichteten Topf erhitzen. Zwiebel und Knoblauch darin bei milder Hitze glasig weich dünsten, mit Gemüsebrühe aufgießen, aufkochen und zugedeckt 10 Minuten köcheln.

Kartoffeln, Karotten, Gelbe Rübe, Lorbeer, Liebstöckel und Muskat dazugeben. Suppe zugedeckt 5 Minuten köcheln. Grüne Bohnen dazugeben. 5 Minuten köcheln.

Brokkoli, Lauch, Tomaten, Oregano und Thymian untermischen. Minestrone noch ca. 5 Minuten köcheln, mit Salz und Pfeffer abschmecken.

Portion: 133 kcal, 6 g F, 5 g E, 15 g KH, 0 mg Chol

PETERSILIENPESTO

FÜR 4 PORTIONEN

Zutaten
- 1 Bund Petersilie, grob gehackt
- 1 EL Haselnüsse, grob gehackt
- 1 Knoblauchzehe, gehackt
- 3 EL Olivenöl
- 2 EL Zitronensaft
- Salz, Pfeffer

Alle Zutaten außer Salz und Pfeffer im Cutter oder mit dem Mixstab zu einer cremigen Paste pürieren. Mit Salz und Pfeffer abschmecken.

Pro Esslöffel: 24 kcal, 2 g F, 1 g E, 1 g KH, 0 mg Chol

SOMMER-PESTO

In der warmen Jahreszeit das Pesto mit Basilikum oder einer runden Kräutermischung (Basilikum, Minze, Oregano, Thymian) zubereiten. Am besten gleich auf Vorrat und einfrieren!

Steinpilz-Cappuccino mit Pastinakencreme

Für 4 Portionen

Zutaten

- 20 g getrocknete Steinpilze
- 250 ml heißes Wasser
- 1 EL Öl
- 300 g mehlige Kartoffeln, grob geraspelt
- 200 g Karotten, dünne Scheiben
- Muskat
- 1 l Gemüsebrühe (-suppe)
- 1 Stück Bio-Zitronenschale
- 1 TL Liebstöckel
- 1 Bund Petersilie
- Stängel und Blätter von 4 Roten Beeten (Roten Rüben)
- Dunkelgrüne Enden von 2 Bund Frühlingszwiebeln
- 3 EL Sojasahne
- 2 EL Zitronensaft
- Salz, Pfeffer

Steinpilze im heißen Wasser 20 Minuten quellen lassen, durch ein feines Sieb abgießen, Einweichwasser auffangen. Steinpilze hacken.

Öl in einem beschichteten Topf erhitzen. Kartoffeln und Karotten darin unter Rühren anbraten, mit Muskat würzen. Mit Gemüsebrühe aufgießen, mit Bio-Zitronenschale und Liebstöckel würzen. Suppe zum Kochen bringen, 10 Minuten zugedeckt köcheln.

Petersilienblättchen abzupfen, grob hacken, Petersilienstängel fein schneiden. Stängel der Roten Beete fein schneiden. Rote-Beete-Blätter und Frühlingszwiebelgrün fein schneiden.

Steinpilze, Petersilien- und Rote-Beete-Stängel in die Suppe geben, 5 Minuten köcheln. Einweichwasser, Rote-Beete-Blätter und Frühlingszwiebelgrün dazugeben, 3 Minuten köcheln.

Suppe, Petersilienblätter, Sojasahne und Zitronensaft mit dem Mixstab fein pürieren, eventuell durch ein Sieb streichen. Mit Salz und Pfeffer abschmecken, portionsweise mit einem Häubchen Pastinakencreme (siehe rechts) und roten Pfefferbeeren anrichten.

Pro Portion: 127 kcal, 4g F, 5 g E, 17 g KH, 0 mg Chol

Resteküche vom Feinsten

Beim Fasten mit Gemüse fallen immer wieder Gemüsereste an, z.B. Frühlingszwiebelenden oder Stängel und Blätter der Roten Beete. Sie sind perfekte Suppenzutaten. Variieren Sie ganz nach Inhalt Ihres Kühlschranks!

PASTINAKENCREME – SCHMECKT, SIEHT GUT AUS

150 ml Gemüsebrühe, 200 g kleine geschnittene Pastinaken, Muskat, 1 Stück Bio-Zitronenschale und 1 TL Zitronensaft aufkochen, zugedeckt 8 Minuten köcheln. Die Garflüssigkeit soll fast ganz verdampft sein. Pastinaken und 4 EL Sojasahne fein pürieren. Creme mit Salz und Pfeffer würzen. Mit roten Pfefferbeeren garnieren.

Pro Esslöffel: 20 kcal, 2 g F, 1 g E, 1 g KH, 0 mg Chol

MISOSUPPE – DAS GRUNDREZEPT
FÜR 4 PORTIONEN

Zutaten
- 1,2 l schwach gesalzene Gemüsebrühe (-suppe)
- 1 TL frischer Ingwer, fein gehackt
- 200 g Karotten, dünne Scheiben
- 200 g Kartoffeln, kleine Würfel
- 200 g Kohlrabi, dünne Scheiben
- 60-80 g mildes Miso (Mugi- oder Shiro-Miso)
- 2 Frühlingszwiebeln, feine Ringe
- 2 TL ungeschälter Sesam, geröstet

Gemüsebrühe mit Ingwer zum Kochen bringen. Karotten und Kartoffeln dazugeben, zugedeckt 5 Minuten köcheln. Kohlrabi unterrühren. Suppe noch ca. 5 Minuten köcheln. Das Gemüse soll weich mit Biss sein.

Miso mit 5 EL kaltem Wasser glatt rühren. Suppe vom Herd nehmen, Misopaste einrühren. Suppe mit Frühlingszwiebeln und Sesam bestreuen.

Pro Portion: 95 kcal, 2 g F, 5 g E, 14 g KH, 0 mg Chol

MISO – DIE ÄLTESTE INSTANTSUPPE DER WELT
Misosuppe wird in Japan vom Frühstück bis zum Abendessen genossen, in immer neuen Variationen. Miso, eine fermentierte Paste aus Sojabohnen und Getreide, wird in Japan seit Jahrhunderten hergestellt. Mit wenig Wasser glatt gerührt wird Miso in Suppen gemischt, ist also ideal für die schnelle Küche und für Veganer besonders wertvoll. Denn Miso enthält das seltene Vitamin B_{12} und sollte darum nicht zu stark erhitzt werden.

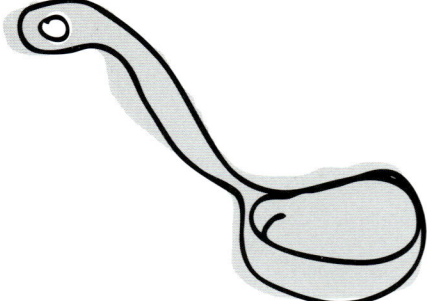

7 VARIATIONEN EINER UNENDLICHEN LISTE
1. Kleine Tofuwürfel, natur oder gebraten, mitköcheln.
2. Eingeweichte, abgetropfte, in Stücke geschnittene Wakame-Alge in die fertige Suppe rühren.
3. Sojasprossen einen Moment mitköcheln.
4. Spinatblättchen in die fertige Suppe rühren.
5. Gebratene Pilze kurz mitköcheln.
6. Dünne Scheiben von weißem Rettich mitköcheln.
7. De-luxe-Variante: Misosuppe mit Tofu, Wakame, Sojasprossen, Spinat, Pilzen und Rettich zubereiten – eine Festtagssuppe!

THAI-SUPPE MIT KOKOS UND KÜRBIS

FÜR 4 PORTIONEN

Zutaten

- 1 l Gemüsebrühe (-suppe)
- 200 ml Kokosmilch
- 2 Knoblauchzehen, fein gehackt
- 1 TL Currypulver
- 1 TL Bio-Zitronenschale, fein gehackt
- 2 TL frischer Ingwer, fein gehackt
- 400 g kleine Champignons
- 300 g Muskatkürbis, kleine Würfel
- 200 g Lauch, feine Streifen
- 1-2 EL Limettensaft
- Salz
- 3 EL frischer Koriander oder Petersilie, gehackt

Gemüsebrühe mit Kokosmilch, Knoblauch, Curry, Zitronenschale und Ingwer zum Kochen bringen. Champignons im Ganzen dazugeben. Suppe zugedeckt 10 Minuten leicht kochen. Kürbis dazugeben, Suppe 5 Minuten köcheln. Lauch unterrühren, Suppe noch 2 Minuten köcheln.

Suppe mit Limettensaft und Salz abschmecken, mit Koriander bestreut servieren.

Pro Portion: 140 kcal, 9 g F, 6 g E, 8 g KH, 0 mg Chol

UNGARISCHE KOHLSUPPE

FÜR 4 PORTIONEN

Zutaten

- 2 EL Öl
- 1 Zwiebel, fein gehackt
- 300 g mehlige Kartoffeln, kleine Stücke
- 400 g Weißkohl (Weißkraut), feine Streifen
- 1 EL Tomatenmark
- Salz, Pfeffer
- 1,5 l Gemüsebrühe (-suppe)
- 1 TL Kümmel, zerstoßen
- 1 1/2 TL edelsüßes Paprikapulver

Öl erhitzen. Zwiebel darin bei milder Hitze zuerst weich dünsten, dann unter Rühren goldgelb braten.

Kartoffeln, Kraut und Tomatenmark unterrühren, salzen und kurz anbraten.

Mit Gemüsebrühe aufgießen, mit Pfeffer, Kümmel und Paprikapulver würzen. Suppe zum Kochen bringen, ca. 15 Minuten köcheln.

Pro Portion: 120 kcal, 3 g F, 4 g E, 19 g KH, 0 mg Chol

SPINAT-ZUCCHINI-SUPPE MIT PETERSILIE

FÜR 4 PORTIONEN

Zutaten
- 1 Bund Petersilie, fein gehackt
- 800 ml Gemüsebrühe (-suppe)
- 2 Knoblauchzehen, gehackt
- 5 Frühlingszwiebeln, Ringe
- 100 g mehlige Kartoffeln, kleine Würfel
- 1 EL Olivenöl
- Muskat
- 1 TL Liebstöckel
- Schale von 1/4 Bio-Zitrone
- 300 g Zucchini, kleine Stücke
- 200 g Spinat
- 1-2 EL Zitronensaft
- 2 EL Sojasahne

Petersilienblättchen abzupfen. Petersilienstängel fein schneiden. Petersilienblättchen hacken.

Gemüsebrühe mit Petersilienstängeln, Knoblauch, Frühlingszwiebeln, Kartoffeln, Olivenöl, Muskat, Liebstöckel und Zitronenschale zum Kochen bringen. Zugedeckt 10 Minuten köcheln. Zucchini untermischen, 2 Minuten leicht kochen. Spinat unterrühren, 1 Minute kochen.

Mit dem Mixstab die Suppe mit gehackter Petersilie und Zitronensaft fein pürieren. Mit Sojasahne garniert anrichten. Dazu den strahlend roten Karotten-Paprika-Dip (siehe unten) reichen.

Pro Portion: 93 kcal, 4 g F, 4 g E, 9 g KH, 0 mg Chol

KAROTTEN-PAPRIKA-DIP

FÜR 4 PORTIONEN

Zutaten
- 100 g Karotten, dicke Scheiben
- 1 roter Paprika
- Salz, Pfeffer
- 1/4 TL Koriander, gemahlen
- 2 TL Zitronensaft
- 1/4 TL Bio-Zitronenschale, fein gehackt

Karotten und den ganzen Paprika in Salzwasser ca. 10 Minuten weich köcheln, abgießen und abtropfen lassen. Stielansatz und Trennhäute vom Paprika entfernen. Fruchtfleisch in Stücke schneiden. Paprika, Karotten, Koriander, Zitronensaft und Zitronenschale mit dem Mixstab fein pürieren. Mit Salz und Pfeffer abschmecken.

Pro Portion: 14 kcal, 0 g F, 1 g E, 3 g KH, 0 mg Chol

„ENDLICH IST WIEDER SPARGELZEIT"-SUPPE

FÜR 4 PORTIONEN

Zutaten
- 700 g weißer Spargel
- 1,2 l Gemüsebrühe (-suppe))
- 1 EL Öl
- 150 g mehlige Kartoffeln, kleine Stücke
- Muskat
- 3 Pimentkörner, zerstoßen
- 1 Stück Bio-Zitronenschale
- 5 Frühlingszwiebeln, feine Ringe
- 1-2 EL Zitronensaft
- 2 EL Sojasahne
- Salz, Pfeffer
- 4 EL Petersilie, fein gehackt

Trockene Spargelenden etwas abschneiden. Spargel gut schälen und in kleine Stücke schneiden.

Gemüsebrühe mit Öl, Kartoffeln, Muskat, Piment und Zitronenschale zum Kochen bringen. 8 Minuten köcheln. Frühlingszwiebeln dazugeben und 5 Minuten köcheln. Spargelstücke in die Suppe geben und 7 Minuten köcheln.

Rund 200 g Spargelstückchen aus der Suppe fischen. Die restliche Suppe mit Zitronensaft und Sojasahne mit dem Mixstab fein pürieren und eventuell durch ein Sieb streichen. Spargelstücke zurück in die Suppe geben. Suppe mit Salz und Pfeffer abschmecken, mit Petersilie bestreuen.

Pro Portion: 100 kcal, 4 g F, 5 g E, 11 g KH, 0 mg Chol

BLITZSCHNELLE BÄRLAUCH-KARTOFFEL-SUPPE

FÜR 4 PORTIONEN

Zutaten
- 1,2 l Gemüsebrühe (-suppe)
- 400 g mehlige Kartoffeln, kleine Würfel
- Muskat
- 150 g Bärlauch, feine Streifen
- 1-2 EL Zitronensaft
- 4 EL Sojasahne
- Salz, Pfeffer

Gemüsebrühe mit Kartoffeln und Muskat zum Kochen bringen, zugedeckt 12 Minuten köcheln.

Bärlauch unterrühren. Suppe einen Moment erhitzen, Zitronensaft und Sojasahne dazugeben. Suppe fein pürieren, mit Salz und Pfeffer würzen.

Pro Portion: 109 kcal, 3 g F, 3 g E, 17 g KH, 0 mg Chol

PAPRIKA-SELLERIE-SUPPE MIT KOKOSMILCH

FÜR 4 PORTIONEN

Zutaten

- 800 ml Gemüsebrühe (-suppe)
- 1 Zwiebel, gehackt
- 2 Knoblauchzehen, gehackt
- 300 g Sellerie, kleine Stücke
- 3 rote Paprika, kleine Stücke
- 1 1/2 TL frischer Ingwer, fein gehackt
- 1 Stück Bio-Zitronenschale
- 100 ml Kokosmilch
- 1-2 EL Zitronensaft
- Salz, Chilipulver
- 4 EL frische Kräuter (Petersilie, Minze, Koriander, Basilikum), gehackt

Gemüsebrühe mit Zwiebel und Knoblauch zum Kochen bringen, zugedeckt 10 Minuten köcheln.

Sellerie, Kartoffeln, Paprika, Ingwer und Zitronenschale dazugeben, 15 Minuten köcheln. Kokosmilch dazugeben, 2 Minuten köcheln. Zitronensaft unterrühren.

Suppe mit dem Mixstab glatt pürieren, mit Salz und Chili abschmecken, mit Kräutern bestreuen.

Pro Portion: 120 kcal, 5 g F, 4 g E, 18 g KH, 0 mg Chol

AROMATISCHE BLUMENKOHL-TOMATEN-SUPPE

FÜR 4 PORTIONEN

Zutaten

- 1 EL Öl
- 1 Zwiebel, fein gehackt
- 2 Knoblauchzehen, fein gehackt
- 1/2-1 TL Currypulver
- 1,2 l Gemüsebrühe (-suppe)
- 200 g mehlige Kartoffeln, kleine Stücke
- 400 g Blumenkohl (Karfiol), kleine Röschen
- 200 g geschälte Tomaten (Dose), kleine Stücke
- Salz
- 4 TL Minze, fein gehackt

Öl in einem Topf erhitzen. Zwiebel darin glasig dünsten. Knoblauch und Curry unterrühren, kurz anrösten.

Mit Gemüsebrühe aufgießen und die Kartoffeln dazugeben. Suppe aufkochen und 7 Minuten köcheln. Blumenkohl unterrühren, 7 Minuten köcheln, Tomaten untermischen und 3 Minuten köcheln.

Suppe mit dem Mixstab fein pürieren, mit Salz abschmecken und mit Minze bestreuen.

Pro Portion: 108 kcal, 5 g F, 4 g E, 14 g KH, 0 mg Chol

ROTE BEETE-SUPPE MIT LIMETTEN

FÜR 4 PORTIONEN

Zutaten
- 1 EL Öl
- 1 Zwiebel, fein gehackt
- Muskat
- 1,2 l Gemüsebrühe (-suppe)
- 1 TL frischer Ingwer, fein gehackt
- 1 Stück Bio-Limettenschale (oder Bio-Zitronenschale)
- 300 g Rote Beete (Rote Rübe), kleine Stücke
- 200 g Sellerie, kleine Stücke
- 100 g Kartoffeln, kleine Stücke
- 2 EL Sojasahne
- 1-2 EL Limettensaft
- Salz
- Chilipulver
- 4 Limettenscheiben
- 4 Zweigchen Koriander

Öl in einem beschichteten Topf erhitzen. Zwiebel darin zuerst glasig weich dünsten, dann unter Rühren goldgelb braten. Muskat dazugeben, kurz anrösten.

Gemüsebrühe dazugeben, mit Ingwer und Limettenschale würzen und zum Kochen bringen. Rote Beete, Sellerie und Kartoffeln unterrühren. Suppe ca. 12 Minuten köcheln, bis das Gemüse weich mit Biss ist.

Mit dem Mixstab die Suppe mit Sojasahne und Limettensaft fein pürieren. Mit Salz und Chili abschmecken. Zur Abwechslung die Suppe in Gläsern anrichten, mit Limettenscheiben und Korianderblättchen garnieren.

Pro Portion: 98 kcal, 4 g F, 3 g E, 12 g KH, 0 mg Chol

Kohlrabi-Lauch-Suppe mit Kerbel

Für 4 Portionen

Zutaten
- 1,2 l Gemüsebrühe (-suppe)
- 100 g mehlige Kartoffeln, kleine Würfel
- 400 g junge Kohlrabi, feine Streifen
- 200 g Lauch, feine Streifen
- Muskat
- 1 Bund Kerbel, fein gehackt
- 4 EL Sojasahne
- Salz, Pfeffer

Gemüsebrühe mit den Kartoffelwürfeln zum Kochen bringen und 8 Minuten zugedeckt köcheln. Kohlrabi, Lauch und Muskat dazugeben und weitere 8 Minuten köcheln.

Kerbel und Sojasahne unterrühren. Suppe fein pürieren, mit Salz und Pfeffer abschmecken.

Pro Portion: 70 kcal, 1 g F, 5 g E, 11 g KH, 0 mg Chol

Brokkolisuppe mit Champignons

Für 4 Portionen

Zutaten
- 1 1/2 EL Öl
- 1 Zwiebel, fein gehackt
- 100 g mehlige Kartoffeln, kleine Würfel
- 1,2 l Gemüsebrühe (-suppe)
- 1 TL Liebstöckel
- 400 g Brokkoli, kleine Röschen
- 1 EL Zitronensaft
- Salz, Pfeffer
- 200 g Champignons, dünne Scheiben
- 4 EL Schnittlauch, fein geschnitten

1 EL Öl erhitzen. Zwiebel darin glasig weich dünsten. Kartoffeln dazugeben, unter Rühren kurz anbraten.

Mit Gemüsebrühe aufgießen, mit Liebstöckel würzen, 10 Minuten köcheln. Brokkoli dazugeben, ca. 6 Minuten köcheln. Suppe mit Zitronensaft fein pürieren, salzen und pfeffern.

1/2 EL Öl in einer Pfanne erhitzen. Pilze darin kurz braten, dann salzen. Die Brokkolisuppe portionsweise mit den Pilzen anrichten und mit Schnittlauch bestreuen.

Pro Portion: 98 kcal, 4 g F, 6 g E, 9 g KH, 0 mg Chol

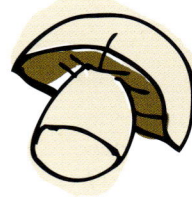

KÜRBISSUPPE MIT APRIKOSEN

FÜR 4 PORTIONEN

Zutaten
- 1 EL Öl
- 1 Zwiebel, fein gehackt
- 1 TL Koriander, gemahlen
- 1/2 TL Zimt
- Muskat
- 600 g Kürbis (Muskat oder Hokkaido), kleine Stücke
- Salz, Pfeffer
- 800 ml Gemüsebrühe (-suppe)
- 1 1/2 TL frischer Ingwer, fein gehackt
- 1 großes Stück Bio-Zitronenschale
- 200 g Aprikosen (Marillen), Stücke
- 1/2-1 EL Zitronensaft
- 2 EL Sojasahne
- 1 EL frische Minze, fein gehackt

Öl in einem beschichteten Topf erhitzen. Zwiebel darin bei milder Hitze glasig weich dünsten. Koriander, Zimt und Muskat dazugeben, unter Rühren kurz anrösten. Kürbis dazugeben, leicht salzen und ebenfalls unter Rühren kurz andünsten.

Mit Gemüsebrühe aufgießen, Ingwer und Zitronenschale und dazugeben. Suppe zum Kochen bringen und zugedeckt ca. 8 Minuten köcheln, bis der Kürbis weich ist. Aprikosen dazugeben und die Suppe 4 Minuten köcheln, dann Zitronensaft und Sojasahne dazugeben.

Suppe mit dem Mixstab fein pürieren, mit Minze bestreut servieren.

Pro Portion: 109 kcal, 4 g F, 3 g E, 14 g KH, 0 mg Chol

KAROTTEN-FENCHEL-SUPPE MIT MANDELN

FÜR 4 PORTIONEN

Zutaten
- 1,2 l Gemüsebrühe (-suppe)
- 1 Zwiebel, fein gehackt
- Muskat
- 2 EL Mandelmus oder -blättchen
- 300 g Karotten, dünne Scheiben
- 300 g Fenchelknolle, kleine Würfel
- 1 TL frischer Ingwer, fein gehackt
- 1 EL Zitronensaft
- Salz, Chilipulver
- 3 EL Petersilie, fein gehackt

Gemüsebrühe mit Zwiebel und Muskat 10 Minuten zugedeckt köcheln. Mandelmus dazugeben, alles zu einer glatten Suppe pürieren.

Karotten, Fenchel und Ingwer dazugeben, zugedeckt ca. 8 Minuten köcheln. Suppe mit Zitronensaft, Salz und Chili abschmecken, mit Petersilie bestreuen.

Pro Portion: 86 kcal, 3 g F, 4 g E, 9 g KH, 0 mg Chol

KUNTERBUNTE CREMESUPPE MIT KAROTTEN, BROKKOLI UND ZUCCHINI

FÜR 4 PORTIONEN

Zutaten
- 1 EL Öl
- 200 g mehlige Kartoffeln, grob geraspelt
- 1 EL Tomatenmark
- Muskat
- 1,2 l Gemüsebrühe (-suppe)
- 1/2 TL frischer Ingwer, gehackt
- 1/2 TL Thymian
- 2 Lorbeerblätter
- 2 EL Sojasahne
- 1-2 EL Zitronensaft
- 50 g Karotten, feine Scheiben
- 100 g Brokkoli, kleine Röschen
- 100 g Zucchini, dünne Scheiben
- 2 Frühlingszwiebeln, feine Ringe
- 1 TL rote Pfefferbeeren

Öl in einem beschichteten Topf erhitzen. Kartoffeln darin unter Rühren anbraten. Tomatenmark und Muskat untermischen und unter Rühren kurz anrösten.

800 ml Gemüsebrühe untermischen, mit Ingwer, Thymian und Lorbeer würzen. Die Suppe zum Kochen bringen und ca. 15 Minuten köcheln, dabei öfters umrühren. Lorbeerblätter entfernen und Sojasahne und Zitronensaft unterrühren. Die Suppe mit dem Mixstab fein pürieren.

Die restliche Gemüsebrühe zum Kochen bringen. Karotten und Brokkoli dazugeben, 3 Minuten köcheln. Zucchini dazugeben und 1 Minute köcheln. Alles mit der Cremesuppe vermischen. Suppe mit Frühlingszwiebeln und roten Pfefferbeeren bestreut servieren.

Pro Portion: 101 kcal, 4 g F, 3 g E, 12 g KH, 0 mg Chol

GEM

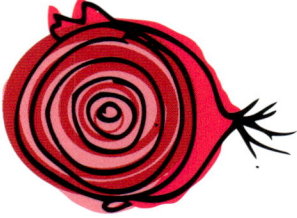

ÜSE

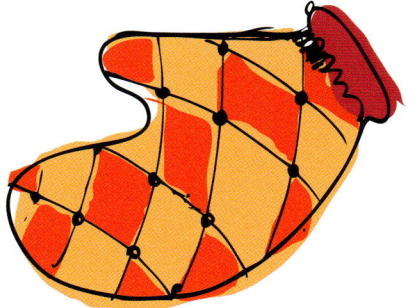

MAROKKANISCHE BOHNEN MIT TOMATENSOSSE

FÜR 2 PORTIONEN

Zutaten
- 1 EL Olivenöl
- 1 Zwiebel, fein gehackt
- 2 Knoblauchzehen, fein gehackt
- 1 1/2 TL Orientgewürz (siehe rechts) oder Currypulver
- 300 g festkochende Kartoffeln, kleine Stücke
- 250 ml Gemüsebrühe (-suppe)
- 250 g grüne Bohnen (Fisolen), längs halbiert, Stücke
- 400 g Tomaten (Dose), abgezogen, Stücke
- 1/2 TL getrocknete Minze
- Chilipulver, Salz

Olivenöl in einem beschichteten Topf erhitzen. Zwiebel darin zuerst glasig weich dünsten, dann unter Rühren goldgelb braten. Knoblauch und Orientgewürz dazugeben, alles unter Rühren kurz anrösten.

Kartoffeln untermischen, leicht salzen, unter Rühren kurz anbraten. Gemüsebrühe unterrühren, zugedeckt 4 Minuten köcheln. Grüne Bohnen untermischen. Alles zugedeckt ca. 10 Minuten köcheln, bis die Bohnen weich sind.

In dieser Zeit die Tomaten gewürzt mit Minze, Chili und Salz in einem kleinen Topf zu einer Soße einkochen. Tomatensoße mit Bohnen und Kartoffeln vermischen, alles noch 3 Minuten köcheln.

Pro Portion: 256 kcal, 6 g F, 10 g E, 40 g KH, 0 mg Chol

ORIENTGEWÜRZ, SELBST GEMISCHT

FÜR 4 PORTIONEN

Zutaten

- 2 EL Koriander, ganze Samen
- 2 EL Kreuzkümmel (Cumin), ganze Samen
- Samen aus 8 Kardamomkapseln
- 8 Pimentkörner
- 2 TL Zimt, gemahlen
- Muskat

Koriander, Kreuzkümmel, Kardamom und Piment in einer trockenen Pfanne kurz unter Rühren anrösten, abkühlen lassen und im Mörser fein zerstoßen. Zimt und eine ordentliche Prise frisch geriebenen Muskat untermischen. Das Orientgewürz gut verschlossen aufbewahren. Diese Gewürzmischung kann in jedem Rezept fertig gekauftes Currypulver ersetzen.

GEBRATENER BLUMENKOHL MIT KNOBLAUCH UND KRÄUTERN

FÜR 2 PORTIONEN

Zutaten

- 400 g Blumenkohl (Karfiol),
  sehr kleine Röschen
- 2 EL Olivenöl
- 4 Knoblauchzehen, feine Scheiben
- Salz, Pfeffer
- 4 EL Petersilie, fein gehackt
- 2 TL Oregano und Thymian, gehackt
- 1-2 EL Zitronensaft

Blumenkohl zugedeckt in einem Siebeinsatz über Wasserdampf ca. 5 Minuten bissfest garen.

Öl in einer beschichteten Pfanne erhitzen, Knoblauch darin unter Rühren kurz anbraten und den Blumenkohl dazugeben. Unter Rühren 3 Minuten braten, mit Salz und Pfeffer würzen, dann mit Petersilie, Oregano, Thymian und Zitronensaft vermischen. Dazu passen Kartoffelbeilagen.

Pro Portion: 160 kcal, 11 g F, 7 g E, 8 g KH, 0 mg Chol

GRILL-ZUCCHINI MIT PAPRIKASOSSE

FÜR 2 PORTIONEN

Zutaten

- 1 großer roter Paprika
- 1 EL Olivenöl
- 1/2 TL Bio-Zitronenschale, gehackt
- 1-2 EL Zitronensaft
- 1/2 TL Koriander, gemahlen
- 1 Knoblauchzehe, fein gehackt
- Salz, Pfeffer
- 500 g Zucchini,
  1 cm dünne Scheiben

Paprika im Ganzen in reichlich Wasser ca. 12 Minuten weich kochen, abgießen und abtropfen lassen. Stielansatz und Trennhäute entfernen. Das Fruchtfleisch in Stücke schneiden.

Paprika, Öl, Zitronenschale, Zitronensaft und Koriander zu einer glatten Soße pürieren. Knoblauch untermischen. Soße mit Salz und Pfeffer abschmecken.

Backofen auf 180 °C Ober- und Unterhitze (160 °C Heißluft, Gas Stufe 3-4) vorheizen. Backblech mit Backpapier bedecken. Zucchini nebeneinander darauflegen, im Ofen 5 Minuten braten, umdrehen und nochmals 5 Minuten braten. Die Zucchini sollen noch knackig sein.

Dazu schmecken praktischerweise Kartoffeln aus dem Ofen (S. 95). Damit das Timing stimmt, kommen diese schon ca. 15 Minuten vor den Zucchini in den Ofen.

Pro Portion: 115 kcal, 6 g F, 5 g E, 9 g KH, 0 mg Chol

DER WUNDERBARE CREMESPINAT

FÜR 2 PORTIONEN

Zutaten
- 1 EL Öl
- 1 Zwiebel, fein gehackt
- Muskat
- 150 ml Gemüsebrühe (-suppe)
- 500 g junger Blattspinat
- Salz, Pfeffer
- 4 EL Sojasahne

Öl in einem kleinen Topf erhitzen. Zwiebel darin glasig weich dünsten. Muskat untermischen, kurz unter Rühren anrösten. Mit Gemüsebrühe aufgießen und köcheln, bis die Flüssigkeit verdampft ist und die Zwiebeln cremig weich sind.

Den abgetropften Spinat mit wenig Salz in einen großen Topf geben und zugedeckt bei starker Hitze ca. 2 Minuten zusammenfallen lassen. Spinat in ein Sieb abgießen, Flüssigkeit auffangen. Spinat grob hacken.

Und so wird der Spinat umwerfend cremig: Spinat, Garflüssigkeit, weichgekochte Zwiebel und Sojasahne jeweils zur Hälfte in den Cutter (Multizerkleinerer) geben und alles zu einem völlig glatten Püree mixen (oder alles mit dem Mixstab verarbeiten).

Cremespinat zurück in den Topf geben, unter Rühren nur einen Moment erhitzen, mit Salz, Pfeffer und Muskat abschmecken.

Pro Portion: 72 kcal, 5 g F, 4 g E, 3 g KH, 0 mg Chol

FENCHEL, PILZE UND TOMATEN OFENFRISCH

FÜR 2 PORTIONEN

Zutaten
- 2 kleine Fenchelknollen
- 300 g kleine Champignons
- 300 g geschälte Tomaten (Dose), Stücke
- 2 Knoblauchzehen, fein gehackt
- 1/2 TL Thymian
- 1/2 TL Oregano
- 1/2 TL Basilikum
- Salz. Pfeffer
- 1 EL Olivenöl

Backofen auf 180 °C Ober- und Unterhitze (160 °C Heißluft, Gas Stufe 3-4) vorheizen. Fenchelknollen in je 6 Spalten schneiden, dabei den Strunk nicht entfernen.

Fenchelspalten nebeneinander auf den Boden einer beschichteten, ofenfesten Form legen. Champignons im Ganzen, Tomaten und Knoblauch zwischen und auf dem Fenchel verteilen. Gemüse mit Thymian, Oregano, Basilikum, Salz und Pfeffer würzen, mit Olivenöl beträufeln. Form mit einem Deckel oder Alufolie gut verschließen. Gemüse 1 Stunde im vorgeheizten Ofen schmoren.

Pro Portion: 137 kcal, 6 g F, 10 g E, 10 g KH, 0 mg Chol

GRÜNE BOHNEN, KAROTTEN UND SPROSSEN AUS DEM WOK

FÜR 2 PORTIONEN

Zutaten

- 200 g breite grüne Bohnen, längs halbiert, Stücke
- 1/2 TL Kartoffelstärke
- 1 EL Sojasoße
- 1 TL frischer Ingwer, gehackt
- 100 ml kalte Gemüsebrühe (-suppe)
- 1 EL Öl
- 1 rote Zwiebel, kleine Spalten
- 100 g Karotte, dünne Scheiben
- 100 g Gelbe Rübe, dünne Scheiben
- 40 g Mungsprossen („Sojasprossen")
- 2 EL frischer Koriander, geschnitten

Grüne Bohnen zugedeckt in einem Siebeinsatz über Wasserdampf 5 bis 7 Minuten garen. Die Bohnen sollen weich sein, aber noch einen leichten Biss haben. Kartoffelstärke, Sojasoße, Ingwer und Gemüsebrühe gut verrühren.

Öl in einer beschichteten Pfanne oder im Wok erhitzen. Zwiebel darin unter Rühren 3 Minuten anrösten. Karotte und Gelbe Rübe dazugeben, leicht salzen, alles unter Rühren 2 Minuten braten. Sprossen untermischen. Alles unter Rühren 2 Minuten braten. Grüne Bohnen untermischen, unter Rühren kurz erhitzen. Soßenmischung unterrühren. Alles unter Rühren kurz erhitzen, bis die Soße bindet.

Wok-Gemüse portionsweise mit dem Chili-Tofu (siehe unten) anrichten, mit Koriander bestreuen.

Pro Portion: 142 kcal, 6 g F, 6 g E, 16 g KH, 0 mg Chol

CHILI-TOFU MIT ZITRONENGRAS

FÜR 2 PORTIONEN

Zutaten

- 1 Stängel Zitronengras
- 1/2 rote Chilischote, feine Streifen
- 1/4 TL Currypulver
- 1 TL Rosinen, fein gehackt
- 2 EL Sojasoße
- 2 EL Zitronensaft
- 150 g Tofu, dünne Scheiben
- 1/2 EL Öl

Vom Zitronengras die äußerste Haut entfernen, trockenes Ende etwas abschneiden. Zitronengras in sehr feine Ringe schneiden. Zitronengras, Chili, Curry, Rosinen, Sojasoße und Zitronensaft verrühren. Tofu mit der Marinade übergießen, 30 Minuten ziehen lassen.

Tofu aus der Marinade nehmen. Öl in einer beschichteten Pfanne erhitzen. Tofu darin auf beiden Seiten goldbraun braten, mit der Marinade ablöschen und kurz erhitzen.

Pro Portion: 115 kcal, 6 g F, 9 g E, 5 g KH, 0 mg Chol

LAUCH IN KAPERNSOSSE
FÜR 2 PORTIONEN

Zutaten
- 1 EL Öl
- 400 g Lauch, längs halbiert, 5 cm lange Stücke
- 350 ml Gemüsebrühe (-suppe)
- 100 g Pastinaken, kleine Würfel
- 1/2 TL Liebstöckel
- 1/2 TL Bio-Zitronenschale, fein gehackt
- Muskat
- 1-2 EL Zitronensaft
- 2 EL Sojasahne
- 1 EL Kapern, gehackt
- 3 EL Petersilie, fein gehackt
- Salz, Pfeffer

Öl in einem beschichteten Topf erhitzen, Lauch dazugeben, unter Rühren kurz dünsten. Mit 150 ml Gemüsebrühe aufgießen. Lauch zugedeckt 8 bis 10 Minuten bei schwacher Hitze dünsten, bis er weich ist, aber noch Biss hat.

Währenddessen die restliche Gemüsebrühe, Pastinaken, Liebstöckel, Zitronen und Muskat in einem kleinen Topf zum Kochen bringen, in ca. 10 Minuten zugedeckt weich köcheln. Pastinaken, Garflüssigkeit, Zitronensaft und Sojasahne mit dem Mixstab fein pürieren. Kapern, und Petersilie unterrühren. Lauch mit der Soße vermischen, mit Salz und Pfeffer abschmecken. Dazu schmecken die tomatenwürzigen Kartoffelspalten (siehe unten).

Pro Portion 111 kcal, 6 g F, 6 g E, 12 g KH, 0 mg Chol

TOMATENWÜRZIGE KARTOFFELSPALTEN
FÜR 2 PORTIONEN

Zutaten
- 3 EL passierte Tomaten
- 1 EL Öl
- 2 Knoblauchzehen, fein gehackt
- 1/2 TL Currypulver (oder Orientgewürz S. 87)
- Salz
- 300 g festkochende Kartoffeln, kleine Spalten

Backofen auf 200 °C Ober- und Unterhitze (180 °C Heißluft, Gas Stufe 4-5) vorheizen. Passierte Tomaten, Öl, Knoblauch und Curry verrühren. Kartoffeln mit der Marinade gut vermischen.

Kartoffeln in einer flachen Form verteilen. Die Kartoffeln sollen den Boden in einer Schicht bedecken. Mit Salz würzen und im vorgeheizten Ofen ca. 20 Minuten backen.

Pro Portion: 169 kcal, 5 g F, 4 g E, 26 g KH, 0 mg Chol

SPARGELRAGOUT MIT GRÜNER SOSSE

FÜR 2 PORTIONEN

Zutaten
- 600 g weißer Spargel
- 1 EL Öl
- 1 Zwiebel, fein gehackt
- Muskat
- 50 g mehlige Kartoffeln,
  kleine Würfel
- 1 Bund Petersilie, fein gehackt
- 400 ml Gemüsebrühe (-suppe)
- 1/2-1 EL Zitronensaft
- 1 TL Liebstöckel
- 1 TL Bio-Zitronenschale,
  fein gehackt
- 2 EL Sojasahne
- Salz, Pfeffer

Harte Spargelenden etwas abschneiden, Spargel gut schälen und in 3 cm lange Stücke schneiden.

Öl in einem beschichteten Topf erhitzen. Zwiebel darin bei milder Hitze glasig weich dünsten. Muskat, Kartoffeln und die Hälfte der Petersilie unterrühren und alles kurz anrösten. 100 ml Gemüsebrühe dazugeben, mit Liebstöckel würzen, zum Kochen bringen und zugedeckt ca. 10 Minuten köcheln.

In dieser Zeit die restliche Gemüsebrühe aufkochen. Spargel, Zitronenschale und Zitronensaft dazugeben. Spargel ca. 7 Minuten weich mit Biss köcheln.

Rund 200 g Spargel aus dem Topf heben mit der Zwiebel-Kartoffel-Soße, der restlichen Petersilie und der Sojasahne in einen Mixbecher geben. Alles mit dem Mixstab fein pürieren und mit dem Spargel im Topf vermischen.

Spargelragout kurz erhitzen, mit Salz, Pfeffer und Zitronensaft abschmecken. Dazu passt das rosa Kartoffelpüree (siehe unten) – geschmacklich und optisch!

Pro Portion: 166 kcal, 8 g F, 8 g E, 16 g KH, 0 mg Chol

KARTOFFELPÜREE, ZUR ABWECHSLUNG ROSAROT
Für 2 Portionen 300 g mehlige Kartoffeln in der Schale weich dämpfen, abziehen und in Stücke schneiden. 80 ml ungesüßten Sojadrink erhitzen. Kartoffeln, Sojadrink und 2 EL Rote-Beete-Saft (Rote-Rüben-Saft) mit dem Kartoffelstampfer zu Püree verarbeiten. Rosarotes Kartoffelpüree mit Muskat und Salz abschmecken.

Pro Portion: 123 kcal, 1 g F, 5 g E, 23 g KH, 0 mg Chol

ZWEIERLEI PILZE UND BROKKOLI IN PIKANTER SOSSE

FÜR 2 PORTIONEN

Zutaten
- 200 g Brokkoli, kleine Röschen
- 2 EL Sojasoße
- 5 EL kalte Gemüsebrühe (-suppe)
- 1/2 TL Sesam-Gewürzöl
- 1/2 TL frischer Ingwer, gehackt
- 1/2 gestrichener TL Kartoffelstärke
- 1 EL Öl
- 100 g kleine Champignons, geviertelt
- 100 g kleine Shiitakepilze, geviertelt
- 5 Frühlingszwiebeln, längs halbiert, Stücke
- 1/2 rote Chilischote, Ringe
- 30 g Mungsprossen („Sojasprossen")
- 2 TL ungeschälter Sesam, geröstet

Brokkoli zugedeckt in einem Siebeinsatz über Wasserdampf 5 Minuten bissfest garen.

Sojasoße, Gemüsebrühe, Sesam-Gewürzöl, Ingwer und Kartoffelstärke verrühren.

1/2 EL Öl im Wok oder in einer beschichteten Pfanne erhitzen. Pilze darin unter Rühren 3 Minuten braten, mit der Sojasoßenmischung aufgießen und kurz köcheln, bis die Soße bindet. Pilze aus dem Wok nehmen. Wok auswaschen und abtrocknen.

1/2 EL Öl im Wok erhitzen. Frühlingszwiebeln und Chili darin unter Rühren 2 Minuten braten. Sprossen dazugeben, kurz unter Rühren braten. Brokkoli und Pilze untermischen, alles unter Rühren kurz erhitzen. Gemüse mit Sesam bestreuen.

Dazu schmecken gebratene Kartoffeln aus dem Ofen (siehe rechts).

Pro Portion: 157 kcal, 9 g F, 9 g E, 11 g KH, 0 mg Chol

KARTOFFELN AUS DEM OFEN

FÜR 2 PORTIONEN

Zutaten
- 300 g kleine festkochende Bio-Kartoffeln
- 1 TL Öl
- Muskat
- 1/2 TL Koriander, gemahlen
- Salz

Backofen auf 180 °C Ober- und Unterhitze (160 °C Heißluft, Gas Stufe 4-5) vorheizen. Ungeschälte Kartoffeln längs halbieren. Öl, Muskat und Koriander verrühren. Kartoffeln mit dem Gewürzöl bestreichen. Leicht salzen.

Kartoffeln nebeneinander (Schnittfläche nach oben) auf ein Backblech setzen, im Ofen ca. 20 Minuten braten.

Pro Portion: 128 kcal, 3 g F, 3 g E, 22 g KH, 0 mg Chol

Kartoffel-Gröstl mit gebratenem Räuchertofu

Für 2 Portionen

Zutaten

- 500 g festkochende Kartoffeln
- 1 EL Öl
- Salz
- 1 große Zwiebel, feine Ringe
- 2 Knoblauchzehen, dünne Scheiben
- 150 g Räuchertofu, kleine Würfel
- 1 EL Sojasoße
- Muskat
- 1/2 TL Koriander, gemahlen
- 1/2 TL Majoran
- 1/2 TL Liebstöckel
- 1 TL rote Pfefferbeeren
- 1/2 Kästchen Gartenkresse

Kartoffeln in der Schale weich dünsten, abziehen und in Scheiben schneiden. In einer großen beschichteten Pfanne 1/2 EL Öl erhitzen. Kartoffeln darin bei milder Hitze knusprig braten, leicht salzen, ab und zu umrühren.

1/2 EL Öl in einer zweiten beschichteten Pfanne erhitzen. Zwiebel und Knoblauch darin zuerst glasig weich dünsten, dann unter Rühren goldgelb braten. Räuchertofu untermischen und unter Rühren kurz braten. Mit Sojasoße ablöschen, mit Muskat, Koriander, Majoran und Liebstöckel würzen. Unter Rühren erhitzen, bis die Flüssigkeit verdampft ist.

Räuchertofu mit den Kartoffeln vermischen und alles kurz unter Rühren erhitzen. Gröstl mit roten Pfefferbeeren und Kresse garnieren.

Pro Portion: 322 kcal, 9 g F, 15 g E, 43 g KH, 0 mg Chol

Dazu schmeckt Krautsalat mit Radieschen

250 g junges Weißkraut (Weißkohl) fein hobeln, mit wenig Salz, Pfeffer und gemahlenem Kümmel verkneten, kurz ziehen lassen. Weißkraut, 1/2 Bund klein geschnittene Radieschen, 1 klein geschnittene Frühlingszwiebel, 1-2 EL Apfelessig, 1/2 EL Öl vermischen.

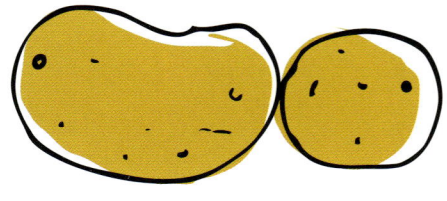

GESCHMORTES PAPRIKAKRAUT
FÜR 2 PORTIONEN

Zutaten
- 1 EL Öl
- 1 Zwiebel, feine Ringe
- 1 Knoblauchzehe, fein gehackt
- 1/2 TL Kümmel, zerstoßen
- 300 g Weißkraut (Weißkohl), kleine Spalten
- 1 roter Paprika, Streifen
- Salz, Pfeffer
- 200 ml Gemüsebrühe (-suppe)
- 3 geschälte Tomaten (Dose), Stücke
- 1 TL edelsüßes Paprikapulver

Ofen auf 180 °C Ober- und Unterhitze (160 °C Heißluft, Gas Stufe 4-5) vorheizen.

Öl in einem ofenfesten Topf erhitzen. Zwiebel darin glasig weich dünsten. Knoblauch und Kümmel dazugeben, alles unter Rühren kurz anrösten.

Weißkraut und Paprikastreifen dazugeben, leicht salzen und unter Rühren kurz braten. Gemüsebrühe, Tomaten und Paprikapulver dazugeben, mit Pfeffer würzen.

Paprikakraut zugedeckt im Ofen ca. 25 Minuten schmoren, bei Bedarf noch etwas Gemüsebrühe dazugießen. Dazu schmecken Kartoffeln aus dem Ofen (S. 95) oder Kartoffelpüree (S. 93).

Pro Portion: 140 kcal, 6 g F, 5 g E, 16 g KH, 0 mg Chol

KAROTTEN IN CREMESOSSE
FÜR 2 PORTIONEN

Zutaten
- 1/2 EL Öl
- 400 g Karotten, dünne Scheiben
- Salz
- Muskat
- 100 ml Gemüsebrühe (-suppe)
- 1/2 TL Bio-Zitronenschale, fein gehackt
- 1/2 TL Liebstöckel
- 4 EL Sojasahne
- 2 EL Petersilie, fein gehackt

Öl in einem kleinen Topf erhitzen. Karotten dazugeben, leicht salzen, mit Muskat würzen und unter Rühren kurz anbraten.

Gemüsebrühe, Zitronenschale und Liebstöckel dazugeben. Karotten im geschlossenen Topf ca. 12 Minuten dünsten. Bei Bedarf noch wenig Gemüsebrühe dazugeben.

Sojasahne unterrühren. Karotten im offenen Topf noch einige Minuten köcheln, bis die Soße angenehm sämig ist. Karotten mit Petersilie bestreuen.

Pro Portion: 115 kcal, 7 g F, 3 g E, 10 g KH, 0 mg Chol

ROTE BEETE IN KOKOS-CURRY-SOSSE

FÜR 2 PORTIONEN

Zutaten
- 150 ml Gemüsebrühe (-suppe)
- 100 ml Kokosmilch
- 1/2 TL frischer Ingwer, fein gehackt
- 1/2 TL Bio-Zitronenschale, fein gehackt
- 1/2 TL Currypulver
- 400 g gekochte Rote Beete (Rote Rübe), dünne Scheiben
- 1/2-1 EL Zitronensaft
- Salz
- 2 TL Minze, fein gehackt

Gemüsebrühe, Kokosmilch, Ingwer, Zitronenschale und Currypulver in einen kleinen Topf geben, zum Kochen bringen und zugedeckt 5 Minuten köcheln.

Rote Beete untermischen und 3 Minuten köcheln. Rote Beete in Kokos-Curry-Soße mit Zitronensaft und Salz abschmecken, mit Minze bestreuen.

Pro Portion: 149 kcal, 9 g F, 4 g E, 13 g KH, 0 mg Chol

JAPANISCHES GURKENGEMÜSE MIT MISO

FÜR 2 PORTIONEN

Zutaten
- 1 EL Öl
- 1 Zwiebel, fein gehackt
- 500 g Gurken, dünne Scheiben
- 1 TL frischer Ingwer, fein gehackt
- Muskat
- Salz, Pfeffer
- 30 g Miso (Mugi-Miso, Shiro-Miso)
- 1/2 EL Zitronensaft
- 1 TL ungeschälter Sesam, geröstet

Öl in einem beschichteten Topf erhitzen, Zwiebel darin bei milder Hitze glasig weich dünsten. Gurken untermischen, mit Ingwer und Muskat würzen, leicht salzen. Gurken zugedeckt ca. 10 Minuten schmoren. Die Gurken sollen durch und durch glasig sein.

Miso mit 80 ml kaltem Wasser glatt rühren, unter die Gurken mischen. Alles unter Rühren kurz erhitzen. Gurkengemüse mit Zitronensaft und Pfeffer abschmecken, mit Sesam bestreuen.

Pro Portion: 124 kcal, 8 g F, 4 g E, 9 g KH, 0 mg Chol

ZUCCHINI-AUBERGINEN-RÖLLCHEN

FÜR 2 PORTIONEN

Zutaten
- 400 g Auberginen (Melanzani)
- 250 g Zucchini
- 2 Tomaten, halbiert
- Salz
- Saft von 1 Zitrone
- 1 EL Olivenöl
- 2 Knoblauchzehen, fein gehackt
- 1/2 TL frischer Thymian, gehackt
- 1 TL frischen Oregano, gehackt
- Chilipulver
- 1/2 TL Orientgewürz (S. 87)
  (oder Koriander)

Außerdem
- Zahnstocher

Auberginen und Zucchini in 0,5 cm dünne Längsscheiben schneiden. Am einfachsten gelingt das mit der Brotschneidemaschine.

Backofen auf 180 °C Ober- und Unterhitze (160 °C Heißluft, Gas Stufe 3-4) vorheizen.

Ein Backblech mit Backpapier belegen. Auberginen und Tomatenhälften nebeneinander auf das Blech legen, leicht salzen und im vorgeheizten Ofen 10 Minuten braten. Die Auberginenscheiben umdrehen und die Zucchini nebeneinander dazulegen. Auberginen, Tomaten und Zucchini weitere 10 Minuten braten.

Zitronensaft, Olivenöl, Knoblauch, Thymian, Oregano, Salz und Chili verrühren. Auberginen und Zucchini mit der Kräutermischung bestreichen und warm halten. Tomaten abziehen, grob hacken und mit dem Orientgewürz, Salz und Chili würzen.

Jeweils auf zwei Zucchinischeiben eine Auberginenscheibe legen und die Tomaten darauf verteilen. Alles aufrollen und mit einem Zahnstocher feststecken.

Dazu schmeckt das Kartoffel-Pastinaken-Püree (siehe rechts).

Pro Portion: 156 kcal, 6 g F, 6 g E, 17 g KH, 0 mg Chol

KARTOFFEL-PASTINAKEN-PÜREE

FÜR 2 PORTIONEN

Zutaten
- 300 g mehlige Kartoffeln, kleine Stücke
- 100 g Pastinaken, kleine Würfel
- 100 ml Gemüsebrühe (-suppe)
- Muskat
- 1/2 EL Öl
- Salz, Pfeffer
- 2 EL Basilikum, fein gehackt

Kartoffeln und Pastinaken mit der Gemüsesuppe aufkochen, mit Muskat würzen. Zugedeckt ca. 10 Minuten weich köcheln. Am Ende der Garzeit soll fast die ganze Gemüsebrühe verkocht sein (bei Bedarf noch etwas Gemüsesuppe dazugeben).

Kartoffeln, Pastinaken und Öl mit dem Kartoffelstampfer zu Püree verarbeiten. Basilikum untermischen. Püree mit Salz und Muskat abschmecken.

Pro Portion: 145 kcal, 3 g F, 4 g E, 24 g KH, 0 mg Chol

Gebratener Spargel mit Tomaten
Für 2 Portionen

Zutaten
- 400 g grüner Spargel
- 2 EL Zitronensaft
- 4 EL heiße Gemüsebrühe (-suppe)
- 1/2 rote Zwiebel, gehackt
- 1/2 Bund Petersilie, gehackt
- Pfeffer
- 100 g Cocktailtomaten, abgezogen
- 1/2 TL Bio-Zitronenschale, fein gehackt

Die harten Enden des Spargels abschneiden. Spargel kurz in kochendem Salzwasser blanchieren, abgießen, kalt abschrecken und längs halbieren.

Für die Zitrusette Zitronensaft, Gemüsebrühe, Zwiebeln und Petersilie vermischen, mit Pfeffer würzen.

In einer beschichteten Pfanne Olivenöl erhitzen, Spargel darin auf zweimal unter Rühren anbraten, leicht salzen. Tomaten kurz unter Rühren braten. Spargel und Tomaten portionsweise anrichten und mit der Zitrusette beträufeln.

Gebratenen Spargel und Tomaten mit dem Pesto-Tofu (siehe unten) bestreuen.

Pro Portion: 123 kcal, 6 g F, 6 g E, 11 g KH, 0 mg Chol

Pesto-Tofu
Für 2 Portionen

Zutaten
- 1 Bund Basilikum, gehackt
- 50 g Zucchini, grob geraspelt
- 1 Knoblauchzehe, gehackt
- 2 EL Zitronensaft
- 1/2 TL Ingwer, fein gehackt
- 1 EL Olivenöl
- 1 EL Sojasoße
- Salz, Pfeffer
- 150 g Tofu, kleine Würfel
- 1 EL Cashewnüsse, geröstet

Im Cutter (Multizerkleinerer) oder mit dem Mixstab aus Basilikum, Zucchini, Knoblauch, Zitronensaft, Ingwer, Olivenöl, Sojasoße und Pfeffer ein Pesto mixen. Tofu mit dem Pesto vermischen und 1 Stunde marinieren lassen. Tofu aus dem Pesto nehmen und abtropfen lassen. (Restliches Pesto getrennt zum Essen reichen.) Eine beschichtete Pfanne erhitzen, Tofu darin unter Rühren kurz braten, mit Salz und Pfeffer abschmecken und mit den Nüssen bestreuen.

Pro Portion: 160 kcal, 11 g F, 10 g E, 5 g KH, 0 mg Chol

Geniessen mit dem Bausteinsystem
Die aromatischen Tofu-Würfel und die Knuspernüsse auch über den Spinatsalat mit Tomaten-Oliven-Dressing (S. 47) oder die Marokkanischen Bohnen (S. 86) streuen oder ganz einfach zu herzhaften Bratkartoffeln essen.

Zitronenkürbis gefüllt mit Tomaten

Für 2 Portionen

Zutaten
- 1 Hokkaido-Kürbis (ca. 1 kg)
- Salz
- 2 Knoblauchzehen, fein gehackt
- 3-4 EL Zitronensaft
- 1 EL Olivenöl
- 1 TL Bio-Zitronenschale, fein gehackt
- 1/2 TL Orientgewürz (S. 87) (oder Koriander)
- 1/4 TL getrocknete Minze
- Chilipulver
- 3 Tomaten, abgezogen, kleine Würfel

Backofen auf 200 °C Ober- und Unterhitze (180 °C Heißluft, Gas Stufe 4-5) vorheizen.

Kürbis vom Stielansatz weg halbieren und die Kerne mit einem Löffel auskratzen. (Schale nicht abschneiden, beim Hokkaido-Kürbis wird sie mitgegessen.)

Kürbis innen leicht salzen. Knoblauch, Zitronensaft, Olivenöl, Zitronenschale, Orientgewürz, Minze und Chili verrühren. Kürbis innen mit der Mischung bestreichen und die Mischung mit einem Löffel gut in das Kürbisfleisch drücken. Kürbishälften mit Tomaten füllen. Tomaten leicht salzen.

Kürbishälften nebeneinander in eine flache Form setzen und im vorgeheizten Ofen ca. 50 bis 60 Minuten braten.

Pro Portion: 199 kcal, 6 g F, 7 g E, 26 g KH, 0 mg Chol

Zitronenkürbis mit Granatapfel-Orangen-Dressing
Den ungeschälten Hokkaido-Kürbis in Würfel schneiden. Mit einer Marinade aus Knoblauch, Zitronensaft, Zitronenschale, Orientgewürz, Minze und Chilipulver vermischen. Kürbis in einer Schicht in einer flachen Form verteilen, salzen und im vorgeheizten Ofen bei 200 °C ca. 20 Minuten braten. Das Granatapfel-Orangen-Dressing (S. 48) auf dem heißen Kürbis verteilen.

AUBERGINEN-PILZ-MOUSSAKA

FÜR 4 PORTIONEN

Zutaten

- 1 kg Auberginen (Melanzani), 1 cm dünne Scheiben
- Salz, Pfeffer
- 2 EL Olivenöl
- 1 Zwiebel, fein gehackt
- 1 große Dose gewürfelte Tomaten
- 2 TL Oregano
- 2 TL Basilikum
- 4 Knoblauchzehen, fein gehackt
- 400 g Champignons, klein gewürfelt
- 1/2 TL Thymian

Zutaten Topping

- 400 g mehlige Kartoffeln, sehr kleine Würfel
- 250 ml Gemüsebrühe (-suppe)
- 1/2 TL Bio-Zitronenschale, fein gehackt
- 1/2 TL Galgant, gemahlen
- Muskat
- 1 EL Zitronensaft
- 6 EL Sojasahne

Backofen auf 180 °C Ober- und Unterhitze (160 °C Heißluft, Gas Stufe 3-4) vorheizen. Ein Backblech mit Backpapier belegen. Auberginenscheiben nebeneinander darauflegen, leicht salzen und im vorgeheizten Ofen 10 Minuten backen. Umdrehen und weitere 10 Minuten backen.

1 EL Olivenöl in einem beschichteten Topf erhitzen, Zwiebel darin bei milder Hitze glasig weich dünsten. Tomaten, Oregano und Basilikum dazugeben. Die Soße 15 Minuten köcheln.

1 EL Olivenöl in einer beschichteten Pfanne erhitzen. Knoblauch darin unter Rühren kurz anbraten. Pilze dazugeben und mit Thymian würzen. Unter Rühren kurz braten, mit Salz und Pfeffer abschmecken.

Für das Topping die Kartoffeln mit Gemüsebrühe, Zitronenschale, Galgant und Muskat in einem kleinen Topf zum Kochen bringen. Zugedeckt köcheln, bis die Kartoffeln weich sind und die Flüssigkeit fast völlig verkocht ist. Kartoffeln mit dem Kartoffelstampfer zerdrücken, dann mit Zitronensaft und Sojasahne glatt rühren. Topping mit Muskat und Pfeffer abschmecken.

Den Boden einer flachen, beschichteten Form mit einer Lage Auberginen auslegen, darauf etwas von den Champignons verteilen und Tomatensoße daraufstreichen. In dieser Reihenfolge fortfahren, bis alle Zutaten verbraucht sind. Kartoffel-Topping daraufstreichen. Moussaka im vorgeheizten Ofen 30 Minuten überbacken.

Pro Portion: 254 kcal, 9 g F, 11 g E, 31 g KH, 0 mg Chol

PAPRIKA-KARTOFFEL-GNOCCHI

Zutaten
- 300 g mehlige Kartoffeln
- 3 EL heiße Gemüsebrühe (-suppe)
- 1 TL Öl
- 1 TL Tomatenmark
- 1/2 TL edelsüßes Paprikapulver
- Salz, Muskat

Kartoffeln in der Schale weich dämpfen und abziehen. Kartoffeln durch die Kartoffelpresse drücken oder fein raspeln. Gemüsebrühe, Öl, Tomatenmark und Paprikapulver glatt rühren und gut mit den Kartoffeln vermischen. Püree mit Salz und Muskat abschmecken. Aus der Masse mit 2 Esslöffeln kleine Gnocchi formen. Auf den Kohlrabi (siehe unten) platzieren.

Pro Portion: 131 kcal, 3 g F, 3 g E, 23 g KH, 0 mg Chol

KOHLRABI IN MINZE-ZITRONEN-CREME MIT RUCOLA

Zutaten
- 1 EL Öl
- 500 junge Kohlrabi, sehr dünne Scheiben
- Muskat
- 150 ml Gemüsebrühe (-suppe)
- 1 TL Bio-Zitronenschale, fein gehackt
- 4 EL Sojasahne
- 1-2 EL Zitronensaft
- 1-2 TL frische Minze, fein gehackt
- 30 g Rucola
- Salz, Pfeffer

Öl in einem beschichteten Topf erhitzen. Kohlrabi dazugeben, leicht salzen, mit Muskat würzen und zugedeckt 5 Minuten bei milder Hitze im eigenen Saft dünsten.

Gemüsebrühe und Zitronenschale dazugeben. Kohlrabi zugedeckt ca. 4 Minuten bissfest dünsten.

Sojasahne, Zitronensaft und Minze verrühren, mit den Kohlrabi vermischen. Alles kurz erhitzen. Mit Salz, Pfeffer und Muskat abschmecken. Den Rucola untermischen und sofort servieren.

Pro Portion: 143 kcal, 8 g F, 6 g E, 11 g KH, 0 mg Chol

SÜS

SES

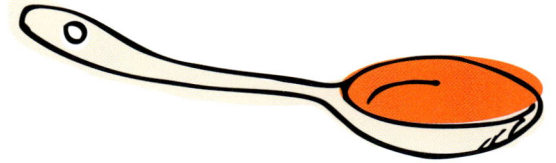

MELONENSUPPE MIT BEEREN

FÜR 2 PORTIONEN

Zutaten

- 400 g Honig- oder Zuckermelone, Stücke
- 100 ml frisch gepresster Orangensaft
- 1/2-1 EL Limettensaft
- 1/4 TL Zimt
- 1/2 TL Bio-Zitronenschale, fein gehackt
- 100 g Erdbeeren, kleine Stücke
- 2 TL frische Minze, fein geschnitten

Melonenstücke, Orangensaft, Limettensaft und Zimt fein pürieren, Zitronenschale unterrühren.

Melonensuppe portionsweise anrichten, mit Beeren und Minze bestreuen.

Pro Portion: 120 kcal, 1 g F, 2 g E, 25 g KH, 0 mg Chol

BIRNEN-MANDARINEN-BANANEN-SALAT MIT KAKI

FÜR 4 PORTIONEN

Zutaten

- 2 Mandarinen, kleine Stücke
- 1 Birne, kleine Stücke
- 1 kleine Banane, dünne Scheiben
- 1-2 EL Zitronensaft
- 2 getrocknete Datteln, kleine Würfel
- 2 reife, weiche Kakis
- 1 EL geröstete Haselnüsse, gehackt

Mandarinen, Birne, Banane und Zitronensaft vermischen.

Kakis halbieren, das geleeartige Fruchtfleisch mit einem Löffel aus der Schale heben.

Fruchtsalat portionsweise anrichten und das Fruchtfleisch der Kakis darauf verteilen. Mit Haselnüssen bestreuen.

Pro Portion: 126 kcal, 2 g F, 1 g E, 25 g KH, 0 mg Chol

PFIRSICH-BEEREN-SALAT

FÜR 2 PORTIONEN

Zutaten
- Saft von 1 Orange
- 1/4 TL Zimt
- 3 reife weiße Pfirsiche, feine Spalten
- 100 g Beeren (rote Johannisbeeren (Ribiseln), Erdbeeren, Himbeeren, Brombeeren)

Orangensaft und Zimt verrühren. Pfirsiche und Beeren mit dem Dressing vermischen.

Pro Portion: 125 kcal, 1 g F, 3 g E, 26 g KH, 0 mg Chol

AUF DAS OBST KOMMT ES AN
Reif und weich müssen die Pfirsiche sein, die Beeren aromatisch und am besten aus dem Freiland, dann schmeckt dieser schnell zubereitete Fruchtsalat einfach hinreißend.

ROSINEN-ORANGEN-TOPPING

FÜR 2 PORTIONEN

Zutaten
- 50 g Rosinen
- 100 ml heißes Wasser
- 100 ml frisch gepresster Orangensaft
- 1/2 TL Bio-Zitronenschale, fein gehackt
- 1-2 EL Zitronensaft

Rosinen mit dem heißen Wasser übergießen und 15 Minuten quellen lassen. Rosinen, Einweichflüssigkeit, Orangensaft und Bio-Zitronenschale zum Kochen bringen. Zugedeckt 8 Minuten köcheln, bei Bedarf noch etwas Orangensaft nachgießen. Zitronensaft dazugeben und alles mit dem Mixstab fein pürieren.

Pro Portion: 51 kcal, 0 g F, 1 g E, 10 g KH, 0 mg Chol

CREMIGES TOPPING FÜR FRUCHTIG-SÜSSES
Diese Creme bringt viel Basenpower und natürliche Süße in Sojajoghurt und Müsli, passt auch zu jedem Fruchtsalat, zu gebratenen Bananen und Bratäpfeln. Am besten gleich eine größere Menge zubereiten – das geht blitzschnell – und portionsweise einfrieren. Statt Rosinen können Sie auch Cranberrys oder klein geschnittene, getrocknete Aprikosen (Marillen) verwenden.

HIMBEERCREME

FÜR 4-6 PORTIONEN

Zutaten

- 2 Vanilleschoten
- 500 g Himbeeren (auch tiefgekühlt)
- 150 ml frisch gepresster Orangensaft
- 3 getrocknete Feigen, kleine Stücke
- 1/2 TL Zimt
- 100 ml Sojasahne
- 30 g Kartoffelstärke

Vanilleschoten mit einem scharfen Messer längs aufschneiden und das Mark herauskratzen. Himbeeren, Orangensaft und Feigen mit dem Mixstab fein pürieren und die Masse durch ein Sieb streichen. Zimt und Vanillemark unterrühren. Für die Garnitur 4 EL Himbeerpüree beiseitestellen.

Das restliche Himbeerpüree zusammen mit der Sojasahne und der Kartoffelstärke mit dem Mixstab zu einer feinen Creme pürieren.

In einem kleinen Topf die Himbeercreme unter ständigem Rühren zum Kochen bringen und 1 Minute unter Rühren köcheln. Danach im Wasserbad abkühlen lassen, dabei ab und zu umrühren. Die Himbeercreme portionsweise in Gläsern anrichten und mit einem Klacks Himbeerpüree garnieren.

Pro Portion (bei 4 Portionen): 169 kcal, 5 g F, 3 g E, 24 g KH, 0 mg Chol

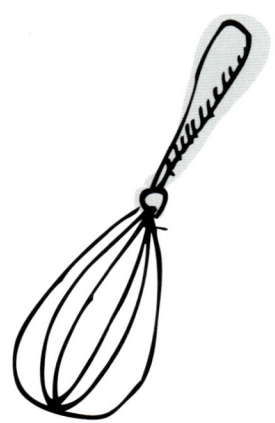

KIRSCHEN-KOKOS-KOMPOTT
FÜR 4 PORTIONEN

Zutaten
- 1 Vanilleschote
- 150 ml Kokosmilch
- 200 ml Wasser
- 1 Zimtstange
- 600 g reife Kirschen, entsteint
- 1/2 TL frischer Ingwer, fein gehackt

Vanilleschote mit einem scharfen Messer längs aufschneiden und das Mark herauskratzen.

Kokosmilch, Wasser, Zimt, Vanillemark und ausgekratzte Vanilleschoten zum Kochen bringen und 3 Minuten köcheln. Kirschen und Ingwer dazugeben und 4 Minuten köcheln. Das Kirschen-Kokos-Kompott schmeckt heiß und kalt.

Pro Portion: 156 kcal, 7 g F, 2 g E, 20 g KH, 0 mg Chol

MANDARINEN-DATTEL-MOUSSE
FÜR 4 PORTIONEN

Zutaten
- 2 Vanilleschoten
- 500 ml Mandarinensaft, frisch gepresst
- 100 ml Sojasahne
- 4 getrocknete Datteln, kleine Stücke
- 1/2 TL Zimt
- Abgeriebene Schale von 1/2 Bio-Zitrone
- 1 (gestrichener) TL Agar-Agar-Pulver

Vanilleschote mit einem scharfen Messer längs aufschneiden und das Mark herauskratzen.

Mandarinensaft, Sojasahne, Datteln, Zimt, Zitronenschale und Vanillemark mit dem Mixstab glatt pürieren. Agar-Agar mit 4 EL kaltem Wasser gut verrühren.

Mandarinensaft-Mischung und aufgelöstes Agar-Agar in einem kleinen Topf mit dem Schneebesen gut verrühren. Flüssigkeit unter Rühren zum Kochen bringen und 1 Minute unter Rühren köcheln.

Mandarinen-Dattel-Mousse auf Portionsschälchen verteilen und 2 bis 3 Stunden kalt stellen.

Pro Portion: 127 kcal, 2 g F, 1 g E, 19 g KH, 0 mg Chol

Orange und Grapefruit im Mangogelee

Für 4 Portionen

Zutaten

- 30 g getrocknete Mangos, kleine Stücke
- 200 ml heißes Wasser
- 2 große Orangen
- 1 rosa Grapefruit
- 250 ml frisch gepresster Orangensaft
- 1/2 TL Zimt
- 1/2 TL Bio-Orangenschale, fein gehackt
- 1/2 (gestrichener) TL Agar-Agar-Pulver

Mangostücke mit heißem Wasser vermischen und 30 Minuten quellen lassen.

Von der Orange und der Grapefruit die Schale mit einem scharfen Messer abschneiden; dabei muss die weiße Haut vollständig entfernt werden. Über einer Schüssel die Orangen- und Grapefruitfilets zwischen den Trennwänden herausschneiden, dabei den herabtropfenden Saft auffangen.

Orangen- und Grapefruitfilets portionsweise dekorativ in Suppenteller legen.

Mangostücke, Einweichflüssigkeit, aufgefangenen Saft, Orangensaft, Zimt und Orangenschale mit dem Mixstab fein pürieren. Agar-Agar-Pulver mit 4 EL kaltem Wasser glatt rühren.

Die Fruchtsoße und aufgelöstes Agar-Agar in einem kleinen Topf mit dem Schneebesen gut vermischen. Unter Rühren zum Kochen bringen und ebenfalls unter Rühren kurz köcheln.

Flüssigkeit über die Zitrusfilets gießen. Zum Gelieren 2 bis 3 Stunden kalt stellen.

Pro Portion: 94 kcal, 1 g F, 2 g E, 18 g KH, 0 mg Chol

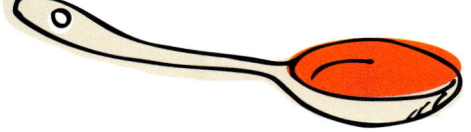

Agar-Agar, ein starkes pflanzliches Geliermittel

Agar-Agar wird aus mineralstoffreichen Meeresalgen gewonnen und hat eine starke Gelierkraft. Für 500 ml Flüssigkeit brauchen Sie nur 1/2 (gestrichenen) TL Agar-Agar-Pulver. Das Pulver muss immer in Flüssigkeit aufgelöst und aufgekocht werden. Sie finden es im Naturkostgeschäft oder in Asia-Läden.

WILD NACH DEINEM ERDBEERMUND

FÜR 2 PORTIONEN

Zutaten
- 200 g Erdbeeren, kleine Stücke
- 125 ml frisch gepresster Orangensaft
- 2 getrocknete Feigen, Stücke
- 1/2 (gestrichenen) TL Agar-Agar-Pulver

Erdbeeren, Orangensaft und Feigen im Mixer pürieren und durch ein Sieb streichen. Das Erdbeerpüree in einen kleinen Topf geben.

Das Agar-Agar-Pulver mit 3 EL Wasser glatt rühren und mit dem Schneebesen unter das Erdbeerpüree mischen. Unter Rühren zum Kochen bringen und 1 Minute unter Rühren leicht kochen.

Erdbeerpüree in kalt ausgespülte, abgetrocknete Mund-, Herz- oder Sternförmchen (Eiswürfelförmchen) gießen und zum Festwerden 2 bis 3 Stunden kalt stellen.

Beim Anrichten etwas Mangosoße (siehe unten) auf kleinen Tellern verteilen und die Erdbeermünder daraufsetzen.

Pro Portion: 111 kcal, 1 g F, 3 g E, 21 g KH, 0 mg Chol

MANGOSOSSE

FÜR 2 PORTIONEN

Zutaten
- 1 reife Mango, Stücke
- 100 ml frisch gepresster Orangensaft
- 2 EL Sojasahne
- 1 TL Zitronensaft
- 1/2 TL Bio-Zitronenschale, fein gehackt

Mit dem Mixstab aus Mango, Orangensaft, Sojasahne und Zitronensaft eine glatte Creme mixen. Zitronenschale unterrühren.

Pro Portion: 89 kcal, 2 g F, 2 g E, 15 g KH, 0 mg Chol

SO GEHT ES SCHNELLER
Die Soße statt mit frischer Mango mit 150 g Mangopüree aus dem Glas oder aus der Dose zubereiten. 100 % reines Mangopüree gibt es im Naturkostgeschäft oder in asiatischen Lebensmittelgeschäften.

ANANASSALAT MIT CRANBERRYS

FÜR 4 PORTIONEN

Zutaten
- 150 ml Orangensaft
- 1/2 TL Zimt
- 600 g frische, saftige Ananas, kleine Stücke
- 2 EL Cranberrys, gehackt

Orangensaft und Zimt verrühren. Ananas und Cranberrys damit vermischen. Den Ananassalat portionsweise mit der Pflaumen-Schoko-Soße (siehe unten) anrichten.

Pro Portion: 118 kcal, 1 g F, 1 g E, 25 g KH, 0 mg Chol

PFLAUMEN-SCHOKO-SOSSE

FÜR 4 PORTIONEN

Zutaten
- 100 getrocknete Pflaumen (Dörrzwetschken), Stücke
- 300 ml heißes Wasser
- 1 TL frischer Ingwer, fein gehackt
- Zerstoßene Samen aus 5 Kardamomkapseln
- 1/2 TL Zimt
- 1 EL Kakaopulver, ungesüßt

Pflaumen in 300 ml warmem Wasser 1 Stunde einweichen.

Pflaumen, Einweichwasser, Ingwer, Kardamom und Zimt in einen kleinen Topf geben und ca. 15 Minuten köcheln. Das Kakaopulver unterrühren und kurz unter Rühren erhitzen. Die Soße vom Herd nehmen und mit dem Mixstab fein pürieren.

Pro Portion: 75 kcal, 1 g F, 1 g E, 16 g KH, 0 mg Chol

EINE FÜR ALLES
Die Pflaumen-Schoko-Soße schmeckt heiß und kalt, besonders gut zu gebratenen Bananen, gebratenen Äpfeln, zu den gedünsteten Johannisbeer-Birnen (S. 126) und zum Bananen-Kokos-Pudding (S. 119). Sie bringt fruchtigen Schokogeschmack in Obst- und Beerensalate.

Bananen-Kokos-Pudding

Für 4 Portionen

Zutaten

- 2 Bananen, kleine Stücke
- 150 ml Kokosmilch
- 1 EL Zitronensaft
- 1/2 TL Zimt
- 1/2 TL Bio-Zitronenschale, fein gehackt
- 1/2 TL frischer Ingwer, fein gehackt
- 1 gestrichener TL Agar-Agar-Pulver

Bananen, Kokosmilch, Zitronensaft und Zimt mit dem Mixstab fein pürieren. Agar-Agar-Pulver mit 4 EL kaltem Wasser glatt rühren.

Bananen-Kokos-Mischung, Zitronenschale, Ingwer und aufgelöstes Agar-Agar in einem kleinen Topf mit dem Schneebesen gut verrühren und unter Rühren zum Kochen bringen. 1 Minute unter Rühren köcheln.

Bananen-Kokos-Pudding auf Portionsschälchen verteilen und zum Festwerden 3 Stunden kalt stellen. Danach auf kleine Teller stürzen.

Pro Portion: 136 kcal, 7 g F, 2 g E, 18 g KH, 0 mg Chol

Süsse Kombinationen

Zum Bananen-Kokos-Pudding, aber auch zur Mandarinen-Dattel-Mousse (S. 114) schmecken die Mangosoße (S. 117), der Ananassalat mit Cranberrys (S. 118) oder die Pflaumen-Schoko-Soße (S. 118).

Rotes Apfelmus

Für 4 Portionen

Zutaten

- 800 g saftige, säuerliche Äpfel, kleine Stücke
- 2 EL Rosinen, gehackt
- 1 EL Zitronensaft
- 1 Stück Bio-Zitronenschale
- 1/2 TL Zimt, gemahlen
- 4 EL Wasser
- 3 EL Rote-Beete-Saft (Rote-Rüben-Saft)

Äpfel, Rosinen, Zitronensaft, Zitronenschale, Zimt und Wasser in einen Topf geben und zugedeckt bei milder Hitze ca. 8 Minuten köcheln. Die Äpfel sollen weich sein, dürfen aber nicht zerfallen.

Äpfel und Rote-Beete-Saft mit dem Mixstab fein pürieren. Das Apfelmus schmeckt heiß, lauwarm und kalt.

Pro Portion: 108 kcal, 1 g F, 1 g E, 24 g KH, 0 mg Chol

SCHOKO-BANANEN-CREME – SCHNELLER GEHT'S NICHT

FÜR 2 PORTIONEN

Zutaten
- 2 reife Bananen, Stücke
- 2 (gestrichene) TL Kakaopulver, ungesüßt

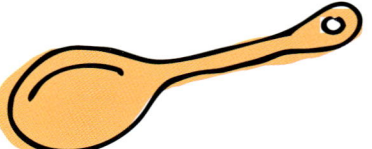

Mit dem Mixstab Bananen und Kakaopulver zu einer glatten Creme pürieren.

Zur Schoko-Bananen-Creme schmeckt der Erdbeersalat (siehe unten). Sie können die Schoko-Bananen-Creme auch mit Zimt, Vanille und Kardamom aromatisieren.

Pro Portion: 152 kcal, 1 g F, 3 g E, 33 g KH, 0 mg Chol

KLEINER AUFWAND, GROSSE WIRKUNG
Sie haben Gäste eingeladen, aber weder Zeit noch Nerven für ein aufwendiges Dessert? Dann einfach die Schoko-Bananen-Creme und die Mangosoße (S. 117) zubereiten, schichtweise in Gläser geben und mit Granatapfelkernen garnieren.

ERDBEERSALAT

FÜR 2 PORTIONEN

Zutaten
- 300 g Erdbeeren, kleine Stücke
- Saft von 1/2 Orange
- 1/4 TL Bio-Orangenschale, fein gehackt

Erdbeeren, Orangensaft und Orangenschale vermischen.

Pro Portion: 62 kcal, 1 g F, 1 g E, 11 g KH, 0 mg Chol

HEIDELBEERMARMELADE MIT FEIGEN

Zutaten

- 100 g getrocknete Feigen, kleine Stücke
- 200 ml heißes Wasser
- 500 g Heidelbeeren
- 1/2 TL Zimt
- 1 gestrichener TL Agar-Agar-Pulver
- 1/2 TL Bio-Zitronenschale, fein gehackt

Die Feigen mit dem heißen Wasser übergießen und 1 Stunde quellen lassen. Danach abgießen und in Stücke schneiden.

Die Heidelbeeren mit dem Mixstab fein pürieren. Feigen und Zimt dazugeben und alles wieder fein pürieren.

Agar-Agar-Pulver mit 4 EL kaltem Wasser glatt rühren.

In einem kleinen Topf das Heidelbeerpüree, das aufgelöste Agar-Agar und die Zitronenschale gut vermischen, unter Rühren zum Kochen bringen und unter Rühren 1 Minute köcheln.

Die Heidelbeermarmelade in heiß ausgespülte, abgetrocknete kleine Gläser füllen. Gläser sofort mit einem Deckel gut verschließen. Marmelade abkühlen lassen und einfrieren.

Pro Esslöffel: 8 kcal, 0 g F, 1 g E, 2 g KH, 0 mg Chol

Das ganze Jahr frische Marmelade ohne Zucker

Nach diesem einfachen Grundrezept können Sie auch Erdbeeren, Himbeeren, Aprikosen (Marillen), Pfirsiche oder Pflaumen einkochen. Die Marmelade entweder gleich aufessen oder tiefkühlen. Ganz wichtig: Die aufgetaute Marmelade immer im Kühlschrank aufbewahren. Die zuckerfreie Marmelade schmeckt zum Müsli und im Sojajoghurt.

Einfach und himmlisch – Kokos-Aprikosen

Für 2 Portionen

Zutaten
- 300 g Aprikosen (Marillen), halbiert
- 2 EL Kokosmilch
- 1/4 TL frischer Ingwer, fein gehackt
- 1/4 TL Bio-Zitronenschale, fein gehackt
- 50 g Brombeeren (oder Himbeeren)

Backofen auf 180 °C Ober- und Unterhitze (160 °C Heißluft, Gas Stufe 4-5) vorheizen. Aprikosen mit den Schnittflächen nach oben nebeneinander in eine kleine, flache Form setzen.

Kokosmilch, Ingwer und Zitronenschale verrühren und die Schnittflächen der Aprikosen damit beträufeln. Aprikosen im vorgeheizten Ofen 20 bis 25 Minuten backen. Portionsweise anrichten und dabei die Brombeeren in die Aprikosen setzen.

Pro Portion: 87 kcal, 2 g F, 2 g E, 14 g KH, 0 mg Chol

Gebratene Pfirsiche mit Heidelbeeren

Für 2 Portionen

Zutaten
- 2 TL Öl
- 300 g reife Pfirsiche, kleine Spalten
- 1/4 TL Zimt, gemahlen
- 100 ml frisch gepresster Orangensaft
- 50 g Heidelbeeren

Öl in einer großen beschichteten Pfanne erhitzen. Pfirsiche darin kurz anbraten und mit Zimt bestreuen. Bei guter Hitze braten, bis die Pfirsiche durch und durch heiß sind. Pfirsiche mit Orangensaft ablöschen und kurz erhitzen, bis der Saft etwas einkocht.

Pfirsiche portionsweise anrichten und mit Heidelbeeren bestreuen.

Pro Portion: 143 kcal, 5 g F, 2 g E, 20 g KH, 0 mg Chol

Das Erfolgsgeheimnis
Diese warmen Desserts oder süßen Hauptspeisen sind blitzschnell zubereitet. Zum echten Geschmackserlebnis werden sie durch vollreife, aromatische Früchte.

Karotten-Halwa

Für ca. 25 Stück

Zutaten
- 300 g Karotten, fein geraspelt
- 700 ml Sojadrink, ungesüßt
- Zerstoßene Samen aus 10 Kardamomkapseln
- 1/2 TL Zimt
- 50 g Rosinen, fein gehackt
- 50 g gemahlene Mandeln
- 2 EL Mandelmus
- 1 TL frischer, gehackter Ingwer
- Abgeriebene Schale von 1/2 Bio-Zitrone
- Abgeriebene Schale von 1/2 Bio-Orange

Zutaten Garnitur
- Zitronenzesten
- 4 EL Granatapfelkerne

Karotten und Sojadrink unter Rühren in einem flachen beschichteten oder gusseisernen Topf zum Kochen bringen und ca. 1 1/2 Stunden lang bei sehr geringer Temperatur um die Hälfte einkochen. Dabei häufig umrühren.

Kardamom, Zimt und Rosinen mit der Karottenmasse vermischen. Alles unter häufigem Rühren ca. 20 Minuten zu einer dicken Masse einkochen. Gemahlene Mandeln, Mandelmus, Ingwer, Zitronen- und Orangenschale dazugeben. Die Masse bei geringer Hitze noch ca. 15 Minuten köcheln. Dabei oft umrühren. Das Halwa ist fertig, wenn sich daraus mit zwei Esslöffeln kleine Nockerl formen lassen. Halwa abkühlen lassen.

Mit zwei Esslöffeln aus dem Halwa schöne Nockerl (à 20 g) abstechen. Karotten-Halwa portionsweise anrichten, mit 2 EL Orangen-Kokos-Soße (siehe rechts) umgießen und mit Zitronenzesten und Granatapfelkernen garnieren.

Pro Stück: 42 kcal, 2 g F, 2 g E, 4 g KH, 0 mg Chol

ORANGEN-KOKOS-SOSSE

FÜR 300 ML

Zutaten

- 150 ml frisch gepresster Orangensaft
- 1/2 TL Pfeilwurzmehl (oder Kartoffelstärke)
- 150 ml Kokosmilch
- 1/2 TL Zimt

Orangensaft und Pfeilwurzmehl mit dem Schneebesen glatt rühren. Kokosmilch und Zimt untermischen.

Die Flüssigkeit in einem kleinen Topf zum Kochen bringen. 1 Minute unter Rühren köcheln. Die Orangen-Kokos-Soße abkühlen lassen.

Pro Esslöffel: 11 Kcal, 1 g F, 0 g E, 0,5 g KH, 0 mg Chol

Gedünstete Johannisbeer-Birnen

Für 4 Portionen

Zutaten
- 300 ml Wasser
- 1 Nelke
- 1 Zimtstange
- 50 g schwarze Johannisbeeren (Ribiseln)
- 2 EL Rosinen, gehackt
- 600 g saftige Birnen, kleine Spalten

200 ml Wasser zusammen mit der Nelke und dem Zimt aufkochen und 5 Minuten köcheln.

Johannisbeeren, Rosinen und 100 ml Wasser mit dem Mixstab pürieren, durch ein Sieb streichen und mit dem Nelken-Zimt-Wasser vermischen. Die Flüssigkeit zum Kochen bringen, die Birnen dazugeben und ca. 6 Minuten weich mit Biss köcheln.

Birnen mit einem Schaumlöffel aus dem Topf heben und in eine Schüssel geben. Nelke und Zimt aus dem Topf fischen. Flüssigkeit etwas einkochen. Birnen damit übergießen und abkühlen lassen.

Pro Portion: 100 kcal, 1 g F, 1 g E, 23 g KH, 0 mg Chol

Quitten-Aprikosen-Kompott

Für 4 Portionen

Zutaten
- 150 g getrocknete Aprikosen (Marillen)
- 600 ml heißes Wasser
- 300 g Quitten, geschält, kleine Spalten
- 1 großes Stück Bio-Zitronenschale
- 1 Stange Zimt
- 1 Nelke

Aprikosen mit dem heißem Wasser übergießen und 1 Stunde quellen lassen.

Aprikosen mit der Einweichflüssigkeit, Quitten, Zitronenschale, Zimt und Nelke zum Kochen bringen. Zugedeckt ca. 10 Minuten köcheln, bis die Quitten gerade weich sind, aber nicht zerfallen.

Das Kompott schmeckt heiß und kalt.

Pro Portion: 113 kcal, 1 g F, 2 g E, 24 g KH, 0 mg Chol

Im Einklang mit der Jahreszeit
Saftige Quitten gibt es nur für kurze Zeit. Darum am besten gleich eine größere Menge zubereiten und einfrieren. Den Rest des Jahres diese fruchtige Süßspeise mit Birnen oder Äpfeln zubereiten.

BANANEN-APRIKOSEN-PRALINEN

FÜR 35 STÜCK

Zutaten
- 350 g getrocknete Aprikosen (Marillen), Stücke
- 150 g getrocknete Bananen
- 3 EL Pfirsichsirup
- 1 1/2 EL Cashewnussmus
- 1/2 TL Zimt
- 1/4 TL getrockneter Ingwer
- 2 EL Kokosflocken, ungesüßt

Zuerst die Aprikosen, dann die Bananen durch die feine Scheibe des Fleischwolfs drehen. Die Fruchtmasse, Pfirsichsirup, Nussmus und Zimt gut verkneten. Aus der Masse ca. 35 kleine Pralinen formen. Die Pralinen in den Kokosflocken wälzen.

Pro Stück: 45 kcal, 1 g F, 1 g E, 8 g KH, 0 mg Chol

FEIGEN-CRANBERRY-PRALINEN

FÜR 35 STÜCK

Zutaten
- 300 g getrocknete Feigen, Stücke
- 200 g getrocknete Cranberrys, Stücke
- 3 EL Preiselbeersirup
- 1 1/2 EL Nussmus
- 1 EL Kakaopulver, ungesüßt
- 1/2 TL Zimt
- 2 EL geröstete Haselnüsse, fein gehackt

Feigen und Cranberrys durch die feine Scheibe des Fleischwolfs drehen. Fruchtmasse, Preiselbeersirup, Kakaopulver und Zimt gut verkneten. Aus der Masse ca. 35 kleine Pralinen formen. Die Pralinen in den Haselnüssen wälzen.

Pro Stück: 45 kcal, 1 g F, 1 g E, 8 g KH, 0 mg Chol

ESSBARE GESCHENKE
Das kommt gut an: Die natürlich süßen Pralinen in kleine, bunte Papierförmchen setzen und nebeneinander in eine attraktive, flache Schachtel setzen. Deckel drauf, mit Geschenkband umwickeln und obenauf eine große Schleife.

Einfach Mensch sein.

Ausgeglichen, natürlich schön und voller Energie

Kurhaus Schärding – Oase für den Lebensmotor

Wer sich auf den Weg ins Kurhaus Schärding macht, macht sich immer auch auf den Weg zu sich selbst. Hier findet man, was selten geworden ist: Einfachheit, Reduktion und Selbstbesinnung. Beim Auftanken, Gesundheit stärken und Krankheit vorbeugen helfen ganzheitliche Therapien, die die Selbstheilungskräfte des Körpers aktivieren.

Haubengekrönte Kulinarik

So wie die Liebe durch den Magen geht, beginnt Gesundheit in der Küche. Gesunde Ernährung ist dabei stets das Ergebnis der zugeführten Lebensmittel und der persönlichen Verdauungsleistung. Der individuellen Esskultur, d.h. wie und wann wir essen, kommt eine wesentliche Bedeutung zu. Auf Saisonalität, Regionalität, biologische Herkunft und artgerechte Tierhaltung

ohne Zusatzstoffe wird im Einkauf besonderer Wert gelegt. Für das Küchenteam rund um Küchenchef Gernot Flieher ist zudem ein wertschätzender und liebevoller Umgang in der Zubereitung selbstverständlich. Nur so kann sich ein besonderer Geschmack voller Raffinesse entfalten, der auch mit der Grünen Haube ausgezeichnet ist.

Naturheilkunde aus Europa, Indien und China

Ob Kneippkur, Ayurveda oder Traditionelle Chinesische Medizin – mit der Kompetenz der Ärzte und Therapeuten gelangen sie Hand in Hand zur Anwendung. Das ganzheitliche Denken **Sebastian Kneipps** (1821–1897) gilt noch heute als wegweisend für naturheilkundliche Heilmethoden und eine zeitgemäße Präventivmedizin. Der Pfarrer und Naturheilkundler schuf ein visionäres Lebenskonzept, das den Menschen, seine

„Gesundheit ist Komfort fürs Leben."

(Dr. Sandra Pöttler, TCM- und Kurärztin)

Einzigartige Lage in Schärding direkt am Inn

Lebensgewohnheiten und seine natürliche Umwelt untrennbar als ausgewogene Einheit betrachtet. **Ayurveda** ist eine Kombination aus Erfahrungswerten und Philosophie, die sich auf die menschliche Gesundheit konzentriert. Es fördert ein langes, gesundes Leben im Einklang mit den Gesetzen der Schöpfung. Rund um Ayurveda-Meister Nijo Sebastian kümmern sich fünf Spezialisten aus Kerala/Indien um die Gesundheit der Gäste. Und selbst die Öle stammen aus einer Partnerapotheke in Indien. Das Anliegen der **Traditionellen Chinesischen Medizin** ist es, Krankheiten nicht nur zu heilen, sondern auch der Entstehung schwerer und chronischer Krankheiten vorzubeugen. Grundlage ist das Prinzip von YIN und YANG, wobei YIN Substanz und YANG Energie bedeutet. Wenn YIN und YANG in einem dynamischen Gleichgewicht sind, so befindet sich auch der Mensch in seiner „Mitte". Majda Hallmayr, eine Therapeutin aus Shanghai, und drei Ärztinnen mit Diplom in der TCM und Akupunktur begleiten Sie auf diesem Weg zu Ihrer inneren Balance.

Barmherzige Brüder

Das Kurhaus Schärding ist ein Werk des Ordens der Barmherzigen Brüder. Heute arbeiten in Österreich fast 6000 Mitarbeiter gemeinsam mit den Brüdern daran, ihren Leitspruch „Gutes tun und es gut tun" in die Tat umzusetzen. Weltweit betreuen in über 50 Staaten und 300 Einrichtungen rund 1.200 Brüder gemeinsam mit etwa 53.000 haupt- und 7.000 ehrenamtlichen Mitarbeitern pro Jahr ca. 20 Mio. Menschen.

Kontakt und Information

Kurhaus Schärding
Kurhausstraße 6 | 4780 Schärding/Inn
Tel +43 (0)7712/3221
kurhaus@bbschaerd.at
www.kurhaus-schaerding.at

Auf dem Weg zu sich selbst

Elisabeth Fischer im Kneipp-Verlag

Elisabeth Fischer
Heilsames Basenfasten
Genießen, entschlacken und
schlank werden
Mit 120 Rezepten

132 Seiten, farbig, Hardcover
ISBN 978-3-7088-0545-0
EUR 17,99

Mit ihren erprobten Rezepten zeigt Elisabeth Fischer den Weg aus der Übersäuerungsfalle. Die in diesem Buch präsentierten Gerichte sind basenbildend, vegan und cholesterinfrei. Sie entlasten, steigern das Wohlbefinden durch einen enormen Vitalstoffgehalt und lassen die Kilos purzeln.

Elisabeth Fischer
Heilsames Basenfasten für Berufstätige
120 Genussrezepte
Mit Wochenplänen und Einkaufslisten

ISBN 978-3-7088-0575-7
132 Seiten, farbig, Hardcover
EUR 17,99

Der Bestseller von Elisabeth Fischer geht in die zweite Runde, diesmal speziell für Berufstätige. Im Alltag bleibt nämlich wenig Zeit zum Einkaufen und Kochen. Deshalb gibt es zu den 120 erprobten, basenbildenden Genießerrezepten praktische Wochenpläne und Einkaufslisten.

www.kneippverlag.com

Elisabeth Fischer im Kneipp-Verlag

Elisabeth Fischer
Die schlanke Küche
So gut schmeckt das Wunschgewicht

192 Seiten, farbig, Hardcover
ISBN 978-3-7088-0483-5
EUR 19,95

Das Kochbuch nach der Methode „Schlank ohne Diät" eignet sich hervorragend als Fortsetzung nach dem Basenfasten. Elisabeth Fischer macht das Schlankwerden und Schlankbleiben mit ihren 200 erprobten und ausgewogenen Rezepten schmackhaft und liefert dazu das Know-how für den leichten, gesunden Genuss.

Elisabeth Fischer
Schlank backen
Kuchen, Torten, Kekse, Muffins

120 Seiten, farbig, Hardcover
ISBN 978-3-7088-0538-2
EUR 17,99

Diese Kekse, Kuchen und Torten schmecken sündhaft gut und haben trotzdem wenig Kalorien – mit diesen Rezepten müssen sich Naschkatzen nicht länger zwischen Genuss und Wunschgewicht entscheiden. Mit natürlichen Zutaten und wenig Zucker entsteht köstliches Backwerk, das auch noch die Gesundheit fördert.

www.kneippverlag.com

Elisabeth Fischer im Kneipp-Verlag

Elisabeth Fischer, Irene Kührer
Soja
120 vegane und vegetarische Rezepte
mit Tofu, Sojacreme & Co.

Überarbeitete und gekürzte Neuauflage
168 Seiten, farbig, Hardcover
ISBN 978-3-7088-0616-7
EUR 17,99

Neue kulinarische Welten entdecken, vegan und vegetarisch genießen!
Mit Tofu, Miso, Tempeh, Sojamilch, Sojacreme und Sojajoghurt kann man hervorragend kochen.

Elisabeth Fischer hat ihre Begeisterung für köstliches, gesundes Essen in viele leichte Rezepte umgesetzt, inspiriert vom vertrauten Geschmack heimischer Gerichte, der Küche des Mittelmeeres und der raffiniert einfachen asiatischen Kochkunst. In dieser überarbeiteten Neuauflage von „Soja – Der leichte Genuss" finden Sie Smoothies, Aufstriche, Salate, Suppen, Snacks, Wok- und Pastagerichte, verführerische Süßspeisen, Kuchen und Torten.

Die 120 Rezepte bringen auch die gesundheitsfördernde Wirkung der Sojabohne auf den Teller: schlemmen und dabei schlank bleiben, die Haut von innen heraus pflegen und jung halten, dazu Herz und Knochen stärken.

www.kneippverlag.com